Collection V. LUNEAU

2e PARTIE

MONNAIES
ROMAINES
ET BYSANTINES

COLLECTION V. LUNEAU

DEUXIÈME PARTIE

MONNAIES ROMAINES

ANTIQUES

& BYSANTINES

Conditions de la Vente

La vente aura lieu au comptant.

Les acquéreurs paieront *dix-sept et demi pour cent* en sus des enchères.

Les pièces ayant été exposées et les acquéreurs ayant ainsi pu juger de leur état, aucune réclamation ne sera admise une fois l'adjudication prononcée.

M. CLÉMENT PLATT exécutera les Commissions que MM. les Amateurs voudront bien lui confier, aux conditions habituelles (5 o/o sur la limite).

L'expert donnera sur demande, de son mieux, tous les renseignements désirés sur les numéros de la vente, et leur estimation présumée.

L'expert peut suivre ou modifier l'ordre du catalogue, et réunir ou diviser les numéros.

La conservation des pièces a été indiquée sévèrement **B** = beau; **TB** = très beau : **FDC** = fleur de coin : **GB** = Grand Bronze : **MB** = Moyen Bronze ; **PB** = Petit Bronze : R = Revers.

EXPOSITIONS

Particulière : Chez M. CLÉMENT PLATT, 19, Rue des Petits-Champs, Paris ;

Publique : A L'HOTEL DROUOT, salle n° 9, le Dimanche 25 Juin 1922, de 2 heures à 6 heures.

Ordre des Vacations

Le premier jour, lundi, vente du n° 1 jusqu'au n° 284 inclus.

Le deuxième jour, mardi, du n° 285 jusqu'au n° 600 inclus.

Le troisième jour, mercredi, du n° 601 jusqu'à la fin.

COLLECTION V. LUNEAU

2e PARTIE

MONNAIES ROMAINES

ANTIQUES

MONNAIES BYSANTINES

Dont la vente aux Enchères publiques aura lieu à Paris

HOTEL DROUOT, SALLE N° 9

LES LUNDI 26 JUIN

MARDI 27 ET MERCREDI 28 JUIN 1922

A DEUX HEURES

Me ANDRÉ DESVOUGES	**M. CLÉMENT PLATT**
COMMISSAIRE-PRISEUR	EXPERT
26, Rue de la Grange-Batelière	19, Rue des Petits-Champs

PARIS

PRIX du CATALOGUE avec 16 planches : **10** *francs*

(Liste des Prix d'Adjudication : 3 francs)

EXPOSITION PUBLIQUE, SALLE N° 9

Le Dimanche 25 Juin 1922, de 2 heures à 6 heures

MONNAIES ROMAINES
ANTIQUES

RÉPUBLIQUE ROMAINE

B = Babelon. — Description des Monnaies de la République Romaine (Paris 1885)

1 — **As grave libral**. Tête barbue de Janus bifrons. ℞ Proue de navire. Dessus I. B. page 34 n° 51. As bronze TB. *(Pl. I)*.

2 — Tête laurée de Jupiter à g. ℞ Proue. Dessus S. B. p. 34 n° 52. Semis Bronze B. *(Pl. I)*.

3 — Tête casquée de Rome à g. Dessous 4 globules. ℞ Proue. Dessous 4 globules. Tête d'Hercule à g. Derrière 3 globules. ℞ Proue. Dessous 3 globules. B. p. 35, n°s 53 et 54. Triens et quadrans. Ens. 2 p. Bronze B. *(Pl. I)*.

4 — Tête de Mercure à g. Dessous 2 globules. ℞ Proue. Dessous 2 globules. Tête casquée de Rome à g. Derrière globule. ℞ Proue. Dessous globule. B. p. 36 n°s 55 et 56. Sextans et once. Ens. 3 p. Br. B. *(Pl. I)*.

5 — **As triental**. Types du n° 1, mais réduit. Tête de Jupiter laurée à gauche. ℞ Proue. Dessus S. B. p. 45. n° 14 et 15 variété. As et semis. Ens. 2 p. Br. B. *(Pl. I)*.

6 — Tête de Rome ℞ Proue. Tête d'Hercule. ℞ Proue. Tête de Mercure. ℞ Proue Tête de Rome. ℞ Proue. B. p. 46 n°s 16, 17, 18 et p. 47 n° 19. Ens. 4 p. Br. B. et TB.

7 — **As oncial**. Types du n° 1 mais encore plus réduit et légende ROMA sous la proue. B. p. 63 n° 49. Br. TB. *(Pl. I)*.

8 — Semis et triens. B. p. 63. n°s 50 et 51. Ens. 2 p. Br. TB.

9 — Quadrans, sextans et once. B. p. 64 n°s 52, 53 et 54. Ens. 3 p. Br. B.

10 — As et divisions d'un poids plus réduit. Ens. 5 p. Br. B.

11 — **Anonymes**. Tête de Rome. ℞ Les Dioscures galopant, ROMA en relief. Denier, quinaire et sesterce. B. p. 29 n° 2; p. 40 n° 3, n° 4. ℞ Victoire en un bige. B. p. 40 n° 6. Tête de Jupiter. ℞ Victoire et trophée. Victoriat. B. p. 41 n° 9. Ens. 5 p. Arg. TB.

12 — Tête de Rome. ℞ Les Dioscures. ℞ Diane en un bige. B. p. 47. nº 20 (2 variétés) : B. p. 49 nº 22. Ens. 3 p. Arg. TB.

13 — Tête de Jupiter. Demi victoriat incus. B. p. 57 nº 37 var. Tête de Rome. ℞ Rome assise. B. p. 72 nº 176. Tête d'Apollon. ℞ Victoire et trophée. Quadrige au galop. B. p. 77 nº 226 et 227. Ens. 4 p. Arg. B. et TB.

14 — **Aburia.** Quadrige B. 6. — **Accoleia.** 3 Statues B. 1. — **Aelia.** La Santé debout B. 8. — **Aelia.** Bige B. 4. Ens. 4 pièces. Arg. TB.

15 — **Aemilia.** Quadrige B. 8. Persée et ses fils devant Paul Emile. B. 10 (2 variétés). Statue équestre B. 20. — **Afrania.** Bige. B. 1. Ens. 5 pièces arg. B. et TB.

16 — **Antestia.** Les Dioscures. B. 1. Quadrige B. 9. — **Antonia.** Quadrige B. 1 (2 variétés). — **Appuleia.** Quadrige B. 1. — **Aquillia.** Aquillius debout relevant la Sicile. B. 2. Ens. 6 pièces. Arg. TB.

17 — **Arria.** Tête nue à dr. ℞ Haste, couronne et phalère. B. 2. Arg. B. (*Pl. I*).

18 — **Atilia.** Bige. B. 1. Dioscures. B. 9 (2 variétés). Ens. 3 pièces. Arg. TB.

19 — **Aurelia.** Les Dioscures. B. 8. Bige. B. 16. Aigle sur foudre B. 21. Ens. 3 p. Arg. B.

20 — **Axia.** Bige. B. 2. — **Caecilia.** Bige d'éléphants. B. 14. Bouclier macédonien. B. 28. Ens. 3 pièces. Arg. TB.

21 — **Caecilia.** Lituus et vase. B. 44. Eléphant. B. 47. Tête de l'Afrique. ℞ Hercule debout. B. 50. — **Caesia.** Dieux Lares. B. 1. Ens. 4 pièces. Arg. TB.

22 — **Calpurnia.** Piso et Caepio assis. B. 5. Tête d'Apollon. ℞ Cavalier B. 11. 2 variétés B. 12. Autre variété B. 24. Ens. 5 pièces. Arg. B. et TB.

23 — **Carisia.** Enclume et coin monetaire lauré. B. 1. Sphinx. B. 10. — **Cassia.** Tête de Liber et Libera. B. 6. Aigle et foudre. B. 7. Tête de Liberté. ℞ Temple. B. 9. Ens. 5 pièces arg. B. et TB.

24 — **Cassia.** Romain debout. B. 10. Lituus et vase. B. 18. — **Cipia.** Bige. B. 1. — **Claudia.** Bige. B. 1. Variété incuse. Autre bige. B. 5. Ens. 6 pièces. Arg. B. et TB.

25 — **Claudia.** Tête du Consul Claudius Marcellus. ℞ Temple B. 11. Diane debout. B. 15. Tête du Soleil. ℞ Croissant et étoile. B. 17. — **Coelia.** Bige. B. 3. Tête du Consul Caldus. ℞ Tête radiée du Soleil. B. 4 et B. 5. Ens. 6 pièces. Arg. B. et TB. (*Pl. I*).

26 — Tête du Consul Caldus à dr. ℞ Personnage preparant un lectisternium. Avers B. 7 varié. ℞ B. 9 varié. Arg. TB. (*Pl. I*).

27 — **Considia.** Temple. B. 1. Chaise curule. B. 4. — **Cordia.** Amour et Dauphin. B. 3. — **Cornélia.** Bige. B. 1. Quadrige. B. 24. Lituus. Vase. etc. B. 29. Ens. 6 pièces. Arg. B. et TB.

28 — Double corne d'abondance. B. 32. Bige. B. 50. Victoire et trophée Quinaire. B. 51. Globe. gouvernail. B. 54. Variété B. 55. Scylla sur une estrade, Bocchus et Jugurtha captifs. B. 59. Ens. 6 pièces. Arg. B.

29 — Globe et 4 couronnes. B. 61. 3 trophées. B. 63. Jupiter nu. ℞ La Triquètra. B. 64. Tête de Jupiter. B. 65. — **Cosconia**. Bige. B. 1. Ens. 5 pièces. Arg. B.

30 — **Crépusia**. Cavalier. B. 1. Bige. B. 3. — **Critonia**. Ediles assis. B. 1. — **Cupiennia**. Dioscures. B. 1. — **Curiatia**. Quadrige. B. 1. — **Curtia**. Quadrige. B. 2. Ens. 6 pièces. Arg. B. et TB.

31 — **Décimia**. Bige. B. 1. — **Didia**. La Villa Publica. B. 1. Didius frappant un esclave. B. 2. **Domitia**. Tête de Domitius Aenobarbus. ℞ Proue B. 21. — **Egnatia**. Temple. B. 3. Ens. 5 pièces. Arg. B. et TB.

32 — **Egnatuleia**. Victoire debout et trophée. Quinaire B. 1. — **Fabia**. Quadrige. B. 1. Bige. B. 14. — **Farsuleia**. Bige. B. 1. B. 2. — **Flaminia**. Bige. B. 1. Ens. 6 pièces. Arg. B. et TB.

33 — **Fonteia**. Galère. B. 1. Apollon et la chèvre Amalthée. B. 9. Cavalier. B. 17. — **Fufia**. L'Italie et Rome. B. 1. — **Fundania**. Quadrige. B. 1. — **Furia**. Bige. B. 13. Rome debout et trophée. B. 18. Chaise curule. B. 23. Ens. 8 pièces. Arg. B. et TB.

34 — **Hérennia**. Amphinomus et son Père. B. 1. **Hosidia**. Sanglier. B. 1 (2 variétés). Ens. 3 pièces. Arg. TB.

35 — **Hostilia**. Tête de Vercingétorix à droite. ℞ Gaulois combattant en un bige à droite. L. HOSTILIVS. SASERN. B. 2. TB. (*Pl. I*).

36 — **Hostilia**. Diane d'Ephèse. B. 4. Victoire. B. 5. — **Julia**. Quadrige. B. 5. Eléphant et attributs pontificaux. B. 9. — Enée portant Anchise. B. 10. Ens. 5 pièces. Arg. TB.

37 — Trophée gaulois et captifs. B. 11. Instruments pontificaux. B. 16. Trophée gaulois. B. 26. Aigle légionnaire. B. 67. Bœufs labourant. B. 156. Ens. 5 pièces. Arg. B. et TB.

38 — **Junia**. Dioscures. B. 1. B. 8. Bige. B. 15. Tête de Servilius Ahala. ℞ Tête de Brutus l'Ancien. B. 30. Brutus et licteurs. B. 31. Ancre et gouvernail. Quinaire. B. 33. Ens. 6 pièces. Arg. B. et TB.

39 — Trépied. B. 37. — **Juventia**. Bige. B. 7. — **Licinia**. 3 citoyens votant. B. 7. Romain debout près de son cheval. B. 18. Ens. 4 pièces. Arg. B. et TB.

40 — **Livineia**. Tête de Régulus. ℞ Chaise curule. B. 8. B. 11. Bestiaires dans le cirque. B. 12. Modius. B. 13. Ens. 4 pièces. Arg. TB.

41 — **Lollia**. Chaise curule. B. 1. Tribune aux harangues. B. 2. — **Lucilia**. Bige. B. 2. — **Lutatia**. Galère. B. 2. — **Maenia**. Quadrige. B. 7. Ens. 5 pièces. Arg. B. et TB.

42 — **Maiania**. Bige. B. 1. — **Mallia**. Trige. B. 1. B. 2. — **Mamilia**. Ulysse debout et son chien. B. 6. — **Manlia**. Quadrige. B. 1. B. 4 et B. 6. Ens. 7 pièces. Arg. B. et TB.

43 — **Marcia**. Dioscures. B. 1. Bige B. 8. Cavalier. B. 11. Statue équestre. B. 12. Quadrige. B. 16. Satyre Marcyas. B. 21. Statue équestre sur aqueduc. B. 28. Ens. 7 pièces. Arg. B. et TB.

44 — **Maria**. Colon labourant. B. 8. (2 variétés) B. 9. Ens. 3 pièces. Arg. TB.

45 — **Memmia**. Les Dioscures. B. 2. Tête de Romulus. ℞ Cérès assise. B. 9. Trophée. B. 10. **Minucia**. Colonne ionique. B. 9. Deux guerriers combattant. B. 19. Ens. 5 pièces. Arg. B. et TB.

46 — **Munatia**. C. CAES. DIC. TER. Buste ailé de la Victoire à dr. ℞ L. PLANC. PRAEF. VRB. Vase à sacrifice. B. 2. Or TB. (*Pl. I*).

47 — **Mussidia**. 2 personnages sur le vaisseau des cloaques. B. 6. — **Naevia**. Victoire dans un trige. B. 6. — **Néria**. Aigle légionnaire. B. 1. — **Nonia**. Rome couronnée par la Victoire. B. 1. — **Norbana**. Epis, faisceau. B. 2. Ens. 5 pièces. Arg. B. et TB.

48 — **Numonia**. Tête de Numonius Vaala à dr. ℞ Guerrier attaquant un vallum défendu par deux guerriers. Exergue VAAL. B. 2. B. (*Pl. I*).

49 — **Opimia**. Quadrige. B. 12. — **Papia**. Griffon. B. 1. Louve. B. 2. — **Petillia**. Temple. B. 4. — **Pétronia**. Parthe à genoux. B. 9. B. 10. — **Pinaria**. Bige. B. 1. Ens. 7 pièces. Arg. B. et TB.

50 — **Plaetoria**. Chaise curule. B. 3. — Aigle sur foudre. B. 4. Caducée ailé. B. 5. B. 6. Fronton d'un temple. B. 9. Ens. 5 pièces. Arg. B. et TB.

51 — **Plancia**. Bouquetin Crétois. B. 1. — **Plautia**. Quadrige. B. 12. Bocchus et Chameau. B. 13. L'aurore volant dans les airs. B. 14 (2 variétés). Ens. 5 pièces. Arg. B. et TB.

52 — **Plutia**. Dioscures. B. 1. — **Poblicia**. Bige. B. 1. Hercule étouffant un lion. B. 9. Ens. 3 p. Arg. B.

53 — **Pompeia**. La Louve. B. 1. Tête nue de Sylla. B. 4. Chaise curule. B. 5. — **Pomponia**. Numa sacrifiant. B. 6. Ens. 4 pièces. Arg. B. et TB.

54 — **Pomponia**. Bige. B. 7. Clio debout. B. 11. Euterpe debout. B. 13. Ens. 3 pièces. Arg. B. et TB.

55 — Tête d'Apollon à dr. ℞ Melpomène debout. B. 14. Arg. TB. (*Pl. I*).

56 — ℞ Terpsichore debout. B. 17. Arg. TB. (*Pl. I*).

57 — ℞ Uranie debout. B. 22. Arg. B.

58 — **Porcia**. Guerriers romains. B. 4. Victoire assise. B. 10. — **Postumia**. Sacrificateur debout. B. 7. Personnage debout et aigle légionnaire. B. 8. Chien courant B. 9. Mains jointes et caducée. B. 10. Lég. dans une couronne. B. 14. Ens. 7 pièces. Arg. B. et TB.

59 — **Renia**. Bige de boucs. B. 1. — **Roscia**. Jeune fille debout et dragon. B. 1. — **Rustia**. Bélier. B. 1. Autel. B. 3. Ens. 4 pièces. Arg. B. et TB.

60 — **Rutilia**. Bige. B. 1. — **Satriena**. Louve B. 1. — **Saufeia**. Bige. B. 1. — **Scribonia**. Dioscures. B. 1. Puits scribonien B. 8. — **Sempronia**. Dioscures. B. 2. Ens. 6 pièces. Arg. TB.

61 — **Servilia**. Dioscures. B. 1. Bige. B. 14. 2 guerriers armés. B. 15. — **Sicinia**. La massue d'Hercule B. 1. Caducée ailé. B. 5. — **Spurilia**. Bige B. 1. Ens. 6 pièces. Arg. TB.

62 — **Sulpicia**. L. SERVIVS. RVFVS. Tête à droite. ℞ Les Dioscures debout. B. 10. B.

63 — **Térentia**. Les Dioscures. B. 10. — **Thoria**. Taureau bondissant. B. 1. — **Titia**. Pégase. B. 1. — **Tituria**. Enlèvement des Sabines. B. 1. Tarpéia séparant les combattants. B. 4. — **Trébania**. Quadrige. B. 1. Ens. 6 pièces. Arg. TB.

64 — **Tullia**. Quadrige. B. 1. — **Valéria**. Bige. B. 7. Mars debout. B. 11. Aigle légionnaire. B. 12. Valeria Luperca sur une génisse. B. 17. — **Vargunteia**. Quadrige B. 1. Ens. 6 pièces. Arg. TB.

65 — **Vettia**. Bige. B. 2. — **Véturia**. Guerriers sacrifiant. B. 1. Ens. 2 pièces. Arg. TB.

66 — **Vibia**. Quadrige. B. 1. — Cérès marchant B. 16. Jupiter assis. B. 18. Variété. B. 19. Mains jointes. B. 22. Panthère devant un autel. B. 24. Ens. 6 pièces. Arg. TB.

67 — **Vibia**. Tête laurée de Vénus à dr. ℞ C. VIBIVS. VARVS. Vénus à demi nue, près d'une colonne. B. 27. Or. TB. *Pl. I*.

68 — **Volteia**. Temple. B. 1. Sanglier. B. 2. Cérés dans un char. B. 3. Ens. 3 pièces. Arg. B. et TB.

EMPIRE ROMAIN

C = Cohen. — Monnaies frappées sous l'Empire Romain, 2e édition. Paris 1880.

69 — **Pompée le Grand**. M. POBLICI. LEG. PRO. PR. Tête casquée de Pallas à droite. ℞ CN. MAGNVS. IMP. Pompée debout à g. présentant une palme à une femme. C. 1. Arg. B.

70 — VARRO. PRO. Q. Buste diadémé barbu à dr. de Jupiter en Terme. ℞ MAGN. PRO. COS. Sceptre entre un dauphin et un aigle. C. 3. Arg. TB.

71 — CN. PISO. PRO. Q. Tête diadémée de Numa Pompilius à dr. ℞ MAGN. PRO. COS. Proue. C. 4. Arg. TB. *(Pl. IIb.*

72 — MAG. PIVS. IMP. ITER. Tête nue de Pompée à dr. ℞ ...CLAS. ET. ORAE. MARIT. EX. SC. Anapus et Amphinome portant leurs parents. Neptune le pied sur une proue. C. 17. 2 pièces. Arg. TB. *(Pl. II.*

73 — NEPTVNI. Tête nue de Pompée à dr. ℞ Q. NASIDIVS. Galère à voile. C. 20. Arg. TB. *Pl. IIb.*

74 — MAGN. Double tête laurée de Pompée. ℞ PIVS. IMP. Proue. C. 16. GB. B. *(Pl. IIIb.*

75 — **Jules César.** C. CAESAR. COS. TER. Tête voilée de la Piété à dr. ℞ A. HIRTIVS. Instruments de sacrifice. C. 2. Or TB. *(Pl. IIb.*

76 — Variété : la tête plus âgée. C. 3. Or B.

77 — Tête diadémée de Vénus à dr. ℞ CAESAR. Trophée et deux captifs gaulois. C. 13. Arg. TB.

78 — CAESAR. DICT. PERPETVO. Tête laurée à dr. ℞ L. BVCA. Caducée et faisceaux en sautoir. C. 25. Arg. TB. *(Pl. IIb.*

79 — Tête laurée à dr. entre une branche de laurier et un caducée. ℞ L. LIVINEIVS. REGVLVS. Taureau bondissant à dr. C. 27. Arg. TB.

80 — Tête laurée à dr. ℞ L. MVSSIDIVS. LONGVS. Gouvernail, globe, corne d'abondance, etc. C. 29. Arg. TB.

81 — C. CAES. DIC. TER. Buste ailé de la Victoire à dr. ℞ L. PLANC. PRAEF. VRB. Vase à sacrifice. C. 31. Or B. *(Pl. IIb.*

82 — CAESAR. DICT. PERPETVO. Tête laurée et voilée à dr. ℞ P. SEPVLLIVS. MACER. Vénus debout à g. tenant une Victoire. C. 29. Arg. TB. *Pl. IIb.*

83 — CAESAR. IMP. Tête laurée à dr. ℞ P. SEPVLLIVS. MACER. Vénus debout à g. tenant une Victoire et un sceptre. C. 41. Arg. TB.

84 — Tête laurée à dr. ℞ Q. VOCONIVS. VITVLVS. Q. DESIGN. Veau à g. S. C. C. 45. Arg. B.

85 — CAESAR. Eléphant à dr. ℞ Instruments de sacrifice. C. 49. Arg. TB.

86 — **Jules César et Marc Antoine.** CAESAR. Tête laurée à dr. ℞ M. ANTON... IMP. Tête nue à dr. C. 2. Arg. B.

87 — Variété : R. P. C. au revers. C. 5. Arg. TB. *Pl. II*

88 — **Jules César et Octave.** M. SANQVINIVS. III. VIR. Tête laurée de Jules César à dr. Dessus Comète. ℞ AVGVSTVS. DIVI. F. Tête nue d'Auguste à droite. C. 1. Arg. B. *Pl. IIb.*

89 — DIVOS. IVLIVS. Tête laurée de Jules César à dr. ℞ CAESAR. DIVI. F. Tête nue d'Octave à dr. GB. TB. (*Pl. III*).

90 — Variété trouée. C. 3. GB. Buste de la Victoire. ℞ Pallas à g. C. 7. MB. Ens. 2 pièces. B.

91 — **Brutus**. COSTA. LEG. Tête de femme à dr. ℞ BRVTVS. IMP. Trophée avec bouclier. C. 4. Arg. TB. (*Pl. II*).

92 — BRVTVS. Hache et couteau de sacrifice. ℞ LENTVLVS. SPINT. Vase et bâton d'augure. C. 6. Arg. B.

93 — **Cassius**. C. CASSI. IMP. LIBERTAS. Tête diadémée et voilée de la Liberté à dr. ℞ LENTVLVS. SPINT. Vase et bâton d'augure. C. 5. Arg. TB. (*Pl. II*).

94 — **Sextus Pompée**. ...IMP. ITER. Tête de Neptune à dr. ℞ PRAEF. CLAS. ET... Trophée naval. C. 1. Arg. TB. (*Pl. II*).

95 — **Lépide et Marc-Antoine**. M. LEPID. IMP. Instruments de sacrifice. ℞ M. ANTON. Vase, bâton d'augure et corbeau. C. 2 denier et quinaire C. 3. Ens. 2 p. Argent B.

96 — **Lépide et Octave**. LEPIDVS. PONT. MAX. III. VIR. R. P. C. Sa tête nue à dr. ℞ CAESAR. IMP. III. VIR. R. P. C. Tête nue d'Octave à dr. C. 1. Arg. B.

97 — **Marc Antoine**. ANTO. COS. III. IMP. IIII. Tête de Jupiter Amon à dr. ℞ ANTONIO. AVG. SCARPVS. IMP. Victoire à dr. tenant une palme. C. 1. Arg. B.

98 — ANTON. AVG. IMP. III... Tête nue à dr. ℞ ANTONINVS. AVG. IMP. III. en 2 lig. C. 2. Tête nue à dr. ℞ Proue et astre. C. 10. Autre tête nue à dr. ℞ Tête du Soleil. C. 12. Ens. 3 p. Arg. B. et TB. (*Pl. II*).

99 — ANT. AVG. III. VIR. R. P. C. Galère prétorienne. ℞ LEG. II. Aigle entre deux enseignes. C. 27. Mêmes types Légion IV. V. VI. VII. X et XV. C. 30, 32. 33, 34. 38 et 47. Ens. 7 pièces. Arg. TB.

100 — Mêmes types : Légion XVIII LYBICAE. XIX. XXI. XXV. C. 53, 55. 57. 62. Ens. 4 pièces. Arg. B. et TB.

101 — Tête voilée de la Concorde. ℞ Mains jointes. C. 67. Quinaire. Tête barbue de Marc Antoine à dr. ℞ Tête radiée du Soleil à droite. C. 68. Ens. 2 pièces. Arg. TB.

102 — Tête de Marc Antoine à dr. ℞ La Piété debout à g. C. 77. Vase, corbeau, etc. ℞ Victoire debout. Quinaire C. 82. Ens. 2 p. Arg. B. (*Pl. II*).

103 — **Marc Antoine et Octave**. Tête de l'un à l'avers, de l'autre au ℞. C. 8. Arg. FDC. (*Pl. II*).

104 — **Fulvie**. Tête ailée à dr. ℞ Lion à dr. Quinaires C. 3 et C. 4. Ens. 2 pièces. Arg. B. et TB. (*Pl. II*).

105 — **Octavie et Marc Antoine.** M. ANTONINVS. IMP. COS. DESIG. ITER. ET. TERT. Tête de Marc Antoine à dr. ℞ III. VIR. R. P. C. Tête d'Octavie sur la ciste mystique. C. 2. Médaillon arg. B. *Pl. II*.

106 — Têtes superposées de Marc Antoine et d'Octavie. ℞ III. VIR. R. P. C. Bacchus debout sur la ciste mystique. C. 3. Médaillon arg. B. *(Pl. II)*.

107 — **Cléopâtre et Marc Antoine.** Tête de l'une à l'avers. Tête de l'autre au ℞. C. 1. Arg. TB. *Pl. II*.

108 — **Lucius Antoine et Marc Antoine.** Avers : Tête de l'un. ℞ Tête de l'autre. C. 2. Arg. TB. *Pl. II*.

109 — **Auguste.** Tête nue d'Octave à dr. ℞ Caducée ailé. C. 5. ℞ Victoire sur la ciste mystique. Quinaire. C. 14. ℞ Vache à dr. C. 28. Tête laurée d'Auguste à dr. ℞ Cavalier à dr. C. 46. Ens. 4 pièces. Arg. B. *(Pl. II)*.

110 — IMP. CAESAR. Tête nue d'Auguste à dr. ℞ AVGVSTVS. Capricorne, dans une couronne. C. 16. Médaillon arg. B.

111 — IMP. CAESAR. Tête nue à dr. ℞ AVGVSTVS. 6 épis en faisceau. C. 32. Médaillon arg. B. *Pl. II*.

112 — CAESAR. AVGVSTVS. DIVI. F. PATER. PATRIÆ. Tête laurée à dr. ℞ C. L. CAESARES. AVGVSTI. F. COS. DESIG. PRINC. IVVENT. Caius et Lucius debout. C. 42. Or TB. *(Pl. II)*.

113 — Mêmes types. 2 variétés. C. 43. ℞ Bouclier entre 2 branches de laurier. C. 51. Tête nue d'Octave. ℞ Couronne sur une chaise curule. C. 5 . Ens. 4 pièces. Arg. B. et TB.

114 — Tête nue d'Octave à dr. ℞ Apollon assis à dr. C. 61. Tête à g. ℞ Victoire debout à dr. C. 66. Tête à dr. ℞ La Paix debout à g. C. 69. ℞ Jules César dans un Temple. C. 90. Ens. 4 pièces. Arg. B.

115 — IMP. X. TR... Tête nue à dr. ℞ COM. ASIAE. Temple à six colonnes. C. 86. Médaillon arg. B. *(Pl. II)*.

116 — Tête laurée d'Auguste à dr. ℞ Comète. C. 98. Tête laurée à g. ℞ Comète. C. 99. Tête nue d'Octave à dr. ℞ Dieu terme sur foudre. C. 114. Victoire sur une proue. ℞ Octave dans un quadrige. C. 115. Ens. 4 pièces. Arg. TB.

117 — Tête nue d'Octave à dr. ℞ Trophée. C. 119. ℞ Arc de Triomphe. C. 123. Tête laurée à dr. ℞ Statue sur une colonne rostrale. C. 124. Tête nue à dr. ℞ Bouclier. C. 126. ℞ 2 soldats donnant des branches de laurier à Auguste trônant. C. 133. Ens. 5 pièces. Arg. B et TB.

118 — AVGVSTVS. DIVI. F. Tête nue à dr. ℞ IMP. X. Taureau cornupète à droite. C. 136. Or B. *(Pl. II)*.

119 — Mêmes types. C. 137. Variété à sa tête nue à g. C. 139. Ens. 2 pièces. Arg. B. et TB.

120 — AVGVSTVS. DIVI. F. Tête nue à dr. ℞ IMP. X. ACT. Apollon debout en femme jouant de la lyre à g. C. 143. Or B. (*Pl. II*).

121 — Variété arg. C. 144. ℞ Capricorne à dr. C. 147. Ens. 2 pièces. Arg. B.

122 — AVGVSTVS. DIVI. F. Sa tête laurée à dr. ℞ IMP. XII. Taureau cornupète à dr. C. 152. B. (*Pl. II*).

123 — Sa tête nue à dr. ℞ Diane chasseresse à dr. C. 168. ℞ Mars debout à g. dans un temple. C. 194. ℞ OB. CIVIS... dans une couronne. C. 208. ℞ OB. CIVIS... à l'extérieur d'une couronne. C. 210. Ens. 4 pièces. Arg. B. et TB.

124 — IMP. CAESAR. DIVI. F. COS. VI. LIBERTATIS. P. R. VINDEX. Tête laurée à droite. ℞ PAX. La Paix debout dans une couronne. C. 218. Médaillon arg. B.

125 — Buste casqué de Mars à dr. ℞ Trophée C. 248. Tête nue d'Auguste à dr. ℞ Bouclier, aigle et enseigne. C. 265. Sa tête laurée à dr. ℞ Temple rond. C. 279. Var. 280. Ens. 4 pièces. Arg. B. et TB.

126 — IMP. IX. TR. PO. V. Tête nue à dr. ℞ S. P. Q. R. SIGNIS. RECEPTIS. Arc de triomphe. C. 298. Médaillon arg. B.

127 — Sa tête nue à g. ℞ Bouclier. C. 293. Tête laurée à dr. ℞ Quadrige à droite. C. 300. Tête nue à dr. ℞ Victoire debout à dr. Quinaire. C. 386. Tête nue à g. ℞ P. CARISIVS. Trophée. C. 402. Tête nue à dr. ℞ Pégase à dr. C. 491. Ens. 5 pièces. Arg. B. et TB.

128 — Tête nue d'Octave à dr. ℞ Foudre ailé. C. 514. ℞ Auguste et Agrippa assis. C. 529. ℞ Légende : M. AGRIPPA... C. 545. Tête radiée à dr. ℞ Aigle à g. C. 577. Var. ℞ Autel allumé. C. 578. Ens. 5 pièces. Arg. B.

129 — DIVVS. AVGVSTVS. S. C. Tête nue à g. ℞ CONSENSV... Auguste assis à g. C. 87. MB. TB.

130 — ... Tête radiée à g. ℞ DIVA. AVGVSTA. Livie assise à g. C. 93. MB. TB. (*Pl. III*).

131 — IMP. CAESAR... Tête nue à g. ℞ PONTIF... en légende circulaire autour de SC. C. 226. MB. TB. (*Pl. III*).

132 — DIVVS. AVGVSTVS. Tête radiée à g. ℞ PROVIDENT. Autel. C. 228. MB. TB. (*Pl. III*).

133 — CAESAR. AVGVSTVS... Tête laurée à dr. ℞ ROM. ET. AVG. Autel de Lyon orné. C. 236. G. B. B. (*Pl. III*).

134 — CAESAR. PONT... Tête laurée à dr. ℞ ROM. ET. AVG. Autel. C. 240. Aigle sur un globe. C. 247. SC. avec une couronne. C. 252. Ens. 3 p. MB. B.

135 — TI. CAESAR. DIVI... autour de SC. ℞ DIVO. AVGVSTO... Auguste sur un quadrige d'éléphants. GB. C. 306. Auguste assis à g. ℞ Lég. circ. TI. CAESAR... GB. C. 309. AVGVSTVS... dans une couronne. ℞ Lég. circ. : P. STOLO... C. 440. MB. Ens. 3 pièces. Br. B. (*Pl. III*).

136 — DIVI. AVGVSTVS... Auguste assis à g. ℞ IMP. T. CAES... REST. autour de SC. C. 548. Restitution de Titus. GB. B. *(Pl. III)*.

137 — DIVVS. AVGVSTVS. Tête laurée à dr. ℞ IMP. NERVA. CAES... REST. autour de SC. C. 570. Restitution de Nerva. GB. TB. *Pl. III*.

138 — **Livie**. PIETAS. Buste voilé à dr. ℞ DRVSVS. CAESAR... autour de SC. C. 1. SALVS. AVGVSTA. Buste en cheveux à dr. ℞ TI. CAESAR. DIVI... autour de SC. C. 5. Ens. 2. MB. B. *(Pl. III)*.

139 — IVSTITIA. Buste diadémé à dr. ℞ TI. CAESAR... autour de SC. C. 4. MB. TB. *Pl. III*.

140 — S. P. Q. R. IVLIAE. AVGVST. Carpentum attelé de deux mules. ℞ TI. CAESAR... autour de SC. C. 6. GB. TB. *(Pl. III)*.

141 — **Agrippa**. M. AGRIPPA. L. F... Tête couronnée à g. ℞ SC. Neptune debout à g. C. 3. MB. TB. *Pl. III*.

142 — **Agrippa et Auguste**. Tête de l'un à l'avers, de l'autre au revers. C. 3. Arg. B.

143 — **Tibère**. TI. CAESAR. DIVI. AVG. F. AVGVSTVS. Tête laurée à dr. ℞ PONTIF. MAXIM. Livie assise à dr. C. 15. Or TB. *Pl. II*.

144 — TI. CAESAR. DIVI. AVG. F. AVGVSTVS. Tête laurée à dr. ℞ TR. POT. XVII. IMP. VII. Tibère dans un quadrige à dr. C. 47. Or B.

145 — Tête laurée à dr. ℞ Livie assise à dr. C. 16. ℞ Quadrige à dr. C. 58. Ens. 2 pièces. Arg. B. et TB.

146 — TI. DIVI. F. AVGVSTVS. Tête laurée à dr. ℞ TR. POT. XX. Victoire assise à dr. C. 50. Quinaire d'or TB. *Pl. II*.

147 — TI. CAESAR. DIVI... autour de SC. ℞ CIVITATIBVS. ASIAE. RESTITVTIS. Tibère assis à g. C. 3. GB. TB. *Pl. III*.

148 — TI. CAESAR... Tête laurée à dr. ℞ Caducée entre deux cornes d'abondance. C. 8. MB. Caducée. C. 21. MB. Autel de Lyon. C. 28. Variété. C. 31. MB. C. 38. PB. Ens. 5 pièces. Br. B.

149 — TI. CAESAR... Tête nue à g. ℞ Autel de Lyon. C. 28. GB.

150 — TI. CAESAR... Tête nue à g. ℞ PONTIF. MAXIM... autour de SC. MB. Manque à Cohen B.

151 — TI. CAESAR... autour de SC. ℞ Quadrige à dr. C. 67. GB. TB. *Pl. IV*.

152 — **Tibère et Auguste**. Tête nue de Tibère à dr. ℞ Tête laurée d'Auguste à dr. C. 2. Arg. TB.

153 — TI. CAESAR. DIVI. AVG. F. AVGVSTVS. ℞ Tête laurée de Tibère à dr. ℞ DIVOS. AVGVST. DIVI. F. Tête laurée d'Auguste à dr. Dessus astre. C. 3. Or. B. *Pl. II*.

153 *bis* — Tétradrachme potin d'Alexandrie aux 2 têtes. TB.

154 — **Drusus**. Caducée entre 2 cornes d'abondance portant les deux enfants de Drusus. ℞ DRVSVS. CAESAR... Tête nue à g. ℞ PONTIF. TRIBUN'.. SC. dans le champ. C. 1. GB. B. (*Pl. IV*).

155 — DRVSVS. CAESAR... Tête nue à g. ℞ PONTIF. TRIBVN... SC. dans le champ. C. 2. MB. B.

156 — **Néron Drusus**. NERO. CLAVDIVS. DRVSVS. GERMANICVS. IMP. Tête laurée à g. ℞ Statue équestre de Drusus sur un arc de triomphe. DE. GERM. C. 1. Or B. (*Pl. II*).

157 — **Néron Drusus**. NERO. CLAVDIVS. DRVSVS. Tête nue à g. ℞ TI. CLAVDIVS... Claude assis à g. C. 8. GB. TB. (*Pl. IV*).

158 — **Antonia**. ANTONIA. AVGVSTA. Buste à dr. couronné d'épis. ℞ CONSTANTIAE. AVGVSTI. Cérès debout à dr. C. 1. Or. B. (*Pl. II*).

159 — ANTONIA. AVGVSTA. Buste à dr. ℞ TI. CLAVDIVS.. .Antonia voilée debout à g. C. 6. MB. TB. (*Pl. IV*).

160 — **Germanicus**. GERMANICVS... Tête nue à g. ℞ C. CAESAR... autour de SC. C. 1. C. 4. C.5. Variété : la tête à g. C. 9. Ens. 4 p. MB. B. et TB.

161 — GERMANICVS. CAESAR. L'Empereur dans un quadrige. ℞ SIGNIS. RECEPT... L'Empereur debout à g. C. 7. MB. B.

162 — Une variété TB. (*Pl. IV*).

163 — **Germanicus et Caligula**. Germanicus tète nue à dr. ℞ Caligula tête laurée à dr. C. 2. Arg. B. (*Pl. II*).

164 — **Agrippine Mère**. AGRIPPINA... Buste à dr. ℞ S. P. Q. R. MEMORIAE. AGRIPPINAE. Carpentum à g. attelé de deux mules. C. 1. GB. B.

165 — Même type. ℞ TI. CLAVDIVS... autour de SC. C. 3. GB. B. (*Pl. IV*).

166 — **Agrippine mère et Caligula**. Buste d'Agrippine à dr. ℞ Tête laurée à dr. de Caligula. C. 2. Arg. TB. (*Pl. II*).

167 — **Néron et Drusus**. NERO. ET. DRVSVS. CAESARES... Les 2 César galopant à dr. ℞ C. CAESAR... autour de SC. C. 1. MB. TB. (*Pl. IV*).

168 — **Caligula**. C. CAESAR. AVG... Tête laurée à g. ℞ ADLOCVT. COH... Caligula à g. haranguant ses soldats. C. 1. GB. B.

169 — C. CAESAR. AVG... Tête laurée à g. ℞ AGRIPPINA. DRVSILLA. IVLIA. Les trois sœurs de Caligula debout. C. 4. GB. B.

170 — COS. TERT... Autour de RCC. ℞ C. CAESAR... Bonnet de Liberté. SC. C. 7. PB. TB.

171 — C. CAESAR. AVG... La Piété assise à g. ℞ Temple à 6 colonnes et Caligula sacrifiant. C. 9. GB. TB. (*Pl. IV*).

172 — 2 Variétés C. 10. C. 11. Ens. 2 GB. B.

173 — C. CAESAR. AVG. Tête laurée à g. ℞ S. P. Q. R... dans une couronne. C. 24. GB. B. (*Pl. IV*).

174 — Tête nue à g. ℞ Vesta assise à g. C. 27. MB. TB. (*Pl. IV*).

175 — **Caligula et Auguste.** Tête laurée de Caligula à droite. ℞ Tête laurée d'Auguste à dr. C. 6. Tête nue de Caligula à dr. ℞ Tête radiée à dr. d'Auguste entre 2 étoiles. C. 11. ℞ Tête radiée d'Auguste entourée d'étoiles. Manque à C. Ens. 3 pièces. Arg. B.

176 — **Claude Ier.** Tête laurée à dr. ℞ La Constance assise à g. C. 6. Tête laurée à g. ℞ Carpentum à dr. C. 32. Ens. 2 pièces. Arg. B.

177 — TI. CLAVD. CAESAR. AVG. P. M. TR. P. IIII. Sa tête laurée à dr. ℞ PACI. AVGVSTAE. La Paix à dr. avec les emblèmes de Némésis. C. 55. Or. B. (*Pl. II*).

178 — TI. CLAVD. CAESAR. AVG. P. M. TR. P. VI. IMP. XI. Sa tête laurée à droite. ℞ S. P. Q. R. PP. OBCS. dans une couronne. C. 86. Or. TB. (*Pl. V*).

179 — Sa tête laurée à dr. ℞ S. P. Q. R. PP. OBCS. dans une couronne. C. 93. Arg. TB.

180 — TI. CLAVD. CAESAR. AVG. PM. TR. P. XI. PP. IMP. XVIII. Tête laurée à droite. ℞ S. P. Q. R. PP. OBCS. dans une couronne de chêne. C. 180. Or TB. (*Pl. V*).

181 — TI. CLAVDIVS... Tête à dr. ℞ EX. SC. OB... dans une couronne. C. 39. GB. La Liberté debout. C. 47. MB. Arc de triomphe. C. 48. GB. Autel de Lyon. C. 81. PB. Ens. 4 pièces. Br. B. (*Pl. IV*).

182 — TI. CLAVDIVS... Tête laurée à dr. contremarquée PROB. ℞ SPES... L'Espérance debout à g. C. 85. GB. B. (*Pl. VI*).

183 — TI. CLAVDIVS... Tête laurée à dr. ℞ IMP. T. VESP... L'Espérance. C. 103. Restitution de Titus. GB. B.

183 *bis* — **Messaline et Claude. — Claude et Antonia.** Ens. 2 tétradrachmes potin d'Alexandrie. B. et TB.

184 — **Agrippine et Claude.** AGRIPPINAE. Buste d'Agrippine à dr. couronné d'épis. ℞ TI. CLAVD. CAESAR. AVG. GERM. P. M. TRIB. POT. PP. Tête laurée de Claude à dr. C. 3. Or B. (*Pl. V*).

185 — Variété en argent. C. 4. B.

186 — **Agrippine et Néron.** AGRIPP. AVG. DIVI. CLAVD. NERONIS. CAES. MATER. Buste d'Agrippine et tête nue de Néron en regard. ℞ NERONI. CLAVD. DIVI. F. CAES. en légende circulaire autour de EX. S. C. dans une couronne. C. 6. Or TB. (*Pl. V*).

187 — **Néron.** NERO. CAESAR. AVGVSTVS. ℞ Tête laurée à dr. ℞ IVPPITER. CVSTOS. Jupiter assis à g. C. 118. Or TB. (Pl. V).

188 — Variété de légende à l'avers : IMP. NERO. CAESAR. AVGVSTVS. C. 120. Or. TB. (Pl. V).

189 — Tête laurée à dr. ℞ Jupiter assis à g. C. [illegible] C. 12[illegible]. Tête nue à dr. ℞ EX. S. C. dans une couronne. C. 2[illegible]7. Ens. 3 p[illegible] A[illegible]. B. [illegible] TB.

190 — NERO. CAESAR. AVG. IMP. Tête nue à [illegible] ℞ PONT[illegible] MAX. TR. P. V. PP. en légende circulaire autour de EX. SC. dans [illegible] C. 21[illegible]. Or B. (Pl. V).

191 — Même avers. ℞ PONTIF. MAX. TR. P. VI. [illegible] PP. en légende circulaire. C. 213. Or. B. (Pl. V).

192 — Tête laurée à [illegible] ℞ ROMA. Rome assise à g. C. [illegible]. ℞ La [illegible] é [illegible] à g. C. 31[illegible]. C. 318. Ens. [illegible] pièces. Arg. B. [illegible] TB.

193 — Tête [illegible] ℞ [illegible] C. [illegible] ℞ V[illegible] [illegible]. C. [illegible]. Ens. 2 pièces. Arg. B.

194 — NERO. CLAVD... Tête [illegible] à dr. ℞ ANNONA... Cérès assise à gauche et l'Abondance [illegible] C. [illegible]. GB. B.

195 — NERO. CLAVDIVS... Tête laurée à [illegible] ℞ AVGVSTI. Le port d'Ostie et 7 navires. C. 37. GB. TB. (Pl. VI).

196 — NERO. CLAVD[illegible] Tête [illegible] ℞ CONG[illegible] DAT. POP. Néron assis sur une [illegible] faisant une [illegible]. C. 6[illegible]. GB. B. (Pl. VI).

197 — [illegible] à dr. C. 86. Variété : Néron [illegible] C. [illegible]. GB. B. (Pl. VI).

198 — [illegible] GB. [illegible] de [illegible] C. 1[illegible] GB. C. 1[illegible] GB. Tête à g. C. 1[illegible] GB. Ens. 4 pièces. Br. B. [illegible] TB.

199 — [illegible] CLAVD... Tête [illegible] ℞ [illegible]... Néron jouant de la lyre. C. [illegible]. TB. (Pl. VI).

200 — NERO. CLAVD... Tête laurée à dr. ℞ ROMA. Rome assise à g. C. 261. GB. TB.

201 — Variété : la tête de Néron à g. C. 2[illegible]. GB. B.

202 — Deux variétés à la tête à dr. C. 264. GB. B. (Pl. VI).

203 — Va[illegible] variétés. C. 278. GB. ℞ Victoire à g. C. 293. C. 302. MB. Ens. 3 pièces. Br. belles. (Pl. VI).

204 — NERO. CLAVD... Tête laurée à dr. ℞ Arc de triomphe. C. 307. GB. TB. (*Pl. VI*).

205 — Tête laurée à g. ℞ La Sécurité assise à dr. C. 325. MB. Victoire passant à g. C. 346. MB. Ens. 2 pièces. Br. TB.

206 — Tête laurée à dr. ℞ Le monstre Scylla. Médaillon contorniate en bronze. C. 122 (Tome VIII).

207 — **ΝΕΡΩΝΩΣ...** Tête laurée à dr. ℞ Aigle. Tétradrachme argent pour Antioche. TB.

208 — Buste radié. ℞ Buste de Sérapis. ℞ Buste de l'Afrique... ℞ Galère. ℞ Tête de Jupiter. Ens. 4 tétradrachmes potin B. et TB.

209 — **Néron et Auguste.** — **Néron et Tibère**. Ens. 2 tétradrachmes potin TB.

210 — **Agrippine et Néron**. — **Octavie et Néron**. — **Poppée et Néron**. Ens. 3 tétrad. potin. B. et TB.

211 — **Néron et Claude.** Tête laurée de Néron à dr. ℞ Tête laurée de Claude à dr. C. 1. Médaillon Arg. TB.

212 — **Galba.** Sa tête laurée à dr. ℞ Livie debout à g. C. 55. Arg. TB.

213 — Tête laurée à dr. ℞ Femme debout à g. sacrifiant. C. 238. Arg. TB.

214 — Sa tête nue à dr. ℞ S.P.Q.R. OB.C.S. dans une couronne. C. 287. Arg. TB.

215 — IMP. SER. GALBA. Tête laurée à dr. ℞ CONCORDIA... La Concorde assise à g. C. 22. GB. B.

216 — SER. GALBA... Tête laurée à dr. ℞ LIBERT. AVG. La Liberté debout à gauche. C. 100. GB. B. (*Pl. VI*).

217 — SER. GALBA... Tête laurée à dr. ℞ LIBERTAS... La Liberté debout. C. 103. MB. TB.

218 — SER. GALBA... Buste lauré à dr. ℞ La Liberté debout. C. 108. GB. ℞ La Paix debout. C. 152. MB. Ens. 2 p. Br. B.

219 — Buste lauré à dr. ℞ ROMA. Rome assise à g. C. 169. GB. TB. (*Pl. VI*).

220 — Buste lauré à dr. ℞ S. P. Q. R... dans une couronne. C. 289. GB. TB. (*Pl. VI*).

221 — Tête laurée. ℞ Buste casqué de Rome. ℞ Femme debout à g. Ens. 2. Tétradrachmes potin pour Alexandrie. B.

222 — **Othon**. Tête nue à dr. ℞ La Paix debout à g. C. 3. ℞ Jupiter assis à dr. C. 8. Ens. 2 pièces. Arg. B.

223 — IMP. M. OTHO. CAESAR. AVG. TR. P. Tête nue à dr. ℞ SECVRITAS. PR. La Sécurité debout à g. C. 16. Or B. (Pl. V).

224 — Tête nue à dr. ℞ La Sécurité debout à g. C. 17. ℞ Victoire à g. C. 24. ℞ Victoire à dr. C. 27. Ens. 3 pièces. Arg. B.

225 — **Vitellius.** Tête laurée à dr. ℞ La Concorde assise à g. C. 18. Variété à sa tête nue à dr. C. 21. Ens. 2 pièces. Arg. B.

226 — A. VITELLIVS. GERM. IMP. AVG. TR. P. Tête laurée à dr. ℞ LIBERTAS. RESTITVTA. La Liberté debout à dr. C. 46. Or B. (Pl. V).

227 — Tête laurée à dr. ℞ La Liberté debout. C. 47. Vesta assise à dr. C. 72. Dauphin sur un trépied. C. 112. Ens. 3 p. Arg. B. et TB.

228 — A. VITELLIVS... Buste lauré à dr. ℞ MARS. VICTOR. Mars à g. C. 57. GB. B.

229 — A. VITELLIVS... Buste lauré à dr. ℞ PAX. AVGVST. La Paix debout à gauche. C. 67. GB. B. (Pl. VI).

230 — A. VITELLIVS... Buste lauré à dr. ℞ SC. Mars passant à dr. C. 78. GB. B. (Pl. VII).

231 — **Vespasien.** Tête laurée à dr. ℞ Vase à sacrifice. C. 42. C. 44. La Paix debout. C. ?. Déesse assise. C. ?. Ens. 4 pièces. Arg. B. et TB.

232 — Tête laurée à dr. ℞ Aigle. C. 121. Colonne funéraire. C. 149. Truie. Denier fourré. C. 213. La Judée assise. C. 226. Ens. 4 pièces. Arg. B.

233 — IMP. CAES. VESP. AVG. CEN. Tête laurée à dr. ℞ PAX. AVG. La Paix debout à g. sacrifiant. C. 297. Or TB. (Pl. V).

234 — Tête laurée à dr. Caducée. C. 362. L'Empereur assis. C. 364. Femme assise. C. 366. C. 367. Ens. 4 pièces. Arg. B. et TB.

235 — Vespasien assis. C. 386. Deux Capricornes. C. 497. Vesta assise. C. 561. La Paix assise. C. 566. Ens. 4 pièces. Arg. TB.

236 — IMP. CAES. VESP. AVG. CENS. Tête laurée à dr. ℞ VESTA. Temple rond avec statues. C. 578. Or B. (Pl. V).

237 — IMP. CAES. VESPA... PM. COS. IIII. Tête laurée à dr. ℞ VIC. AVG. Victoire debout à dr. sur un globe. C. 586. Or B. (Pl. V).

238 — Tête laurée à dr. ℞ Victoire à dr. C. 614. Tête laurée à g. C. 625. Ens. 2 quinaires Arg.

239 — Victoire debout. C. 618. Tête radiée à dr. ℞ Aigle. C. 651. Autel. C. 652. Ens. 3 pièces. Arg. TB.

240 — Tête laurée à dr. ℞ Victoire à dr. Drachme et hémi-drachme de Césarée de Cappadoce. Ens. 2 pièces. Arg. B.

241 — Buste lauré à dr. ℞ AEQVITAS... L'Equité debout. C. 13. MB. Buste radié à dr. ℞ La Concorde assise MB. C. 71. Tête laurée à dr. ℞ La Fortune debout. C. 192. GB. Ens. 3 pièces. Br. B. et TB.

242 — Tête laurée à dr. ℞ IVDEA. CAPTA... La Judée captive au pied d'un palmier. C. 232. 239. Ens. 2 GB. B.

243 — Tête laurée à dr. ℞ La Paix debout. C. 327. GB. C. 328. GB. Deux cornes d'abondance. C. 376. MB. Ens. 3 pièces. Br. B. *Pl. VII*.

244 — Autel. C. 398. MB. Rome assise. C. 411. MB. Rome debout. C. 419. GB. Ens. 3 pièces. Br. B.

245 — Tête laurée à dr. ℞ L'Espérance debout à g. C. 454. GB. Aigle sur un globe. C. 482. MB. Ens. 2 pieces. Br. B.

246 — Tête laurée à dr. ℞ Victoire, écrivant au pied d'un palmier, et la Judée en pleurs. C. 627. GB. TB. *Pl. VII*.

247 — **Vespasien et Titus.** Tête laurée à dr. de l'un à l'avers, de l'autre au ℞. Didrachme. Tête laurée à dr. de Vespasien. ℞ Titus debout. Drachme. Ens. 2 pièces arg. à lég. grecques pour Césarée de Cappadoce. B.

248 — **Vespasien, Titus et Domitien.** Tête laurée de Vespasien à l'avers et têtes en regard de ses deux fils au ℞. C. 5. Arg. B.

249 — **Titus.** Tête laurée à dr. ℞ Génie. C. 25. La Concorde assise. C. 44. Ens. 2 pièces. Arg. B.

250 — T. CAESAR. IMP. VESPASIAN. Tête laurée à dr. ℞ COS. IIII. Taureau cornupète à dr. C. 48. Or B. *Pl. V*.

251 — T. CAESAR. IMP. VESPASIANVS. Tête laurée à dr. ℞ COS. V. Vache marchant à dr. C. 53. Or. B. *Pl. V*.

252 — Proue. C. 68. Jupiter debout. C. 106. Trophée et captif. C. 278. Ens. 3 pièces. Arg. B. et TB.

253 — IMP. TITVS. CAES. VESPASIANVS. PM. Tête laurée à g. ℞ TR. P. VIIII. IMP. XIIII. COS. VII. PP. Capricorne à g. C. 281. Or B. *Pl. V*.

254 — Capricorne. C. 294. Ancre et dauphin. C. 310. Trône C. 313. Ens. 3 pièces. Arg. TB.

255 — Chaise curule. C. 318. C. 319. Trépied et dauphin. C. 351. Victoire à dr. C. 354. Quinaire. Ens. 4 pièces. Arg. B. et TB.

256 — IMP. T. CAES. VESP... Tête laurée à dr. ℞ L'Abondance debout à g. et vaisseau. C. 14. GB. B. *Pl. VII*.

257 — IMP. T. CAES... Tête laurée à g. ℞ La Judée captive et Juif au pied d'un palmier. C. 109. GB. *Pl. VII*.

258 — IMP. TITVS. CAES... Tête laurée à g. ℞ PAX. AVGVST. La Paix debout à g. C. 139. GB. B.

259 — Un exemplaire varié. C. 140. GB. TB. (*Pl. VII*).

260 — Autel allumé. C. 176. MB. L'Espérance passant à g. C. 219. MB. Ens. 2 pièces. Br. B. et TB.

261 — IMP. T. CAES... Tête laurée à dr. ℞ L'Espérance passant à g. C. 221. GB. B.

262 — Tête laurée à dr. ℞ Titus à cheval et ennemi. C. 236. GB. TB. (*Pl. VII*).

263 — ℞ Victoire écrivant sur un bouclier placé sur un palmier. C. 385. B.

264 — **Julie, fille de Titus**. Buste diadémé à dr. ℞ Vénus debout. C. 14. Arg. B. (*Pl. V*).

265 — IMP. CAES. DOMIT... autour de SC. ℞ Carpentum attelé de deux mules. C. 9. GB. B. (*Pl. VII*).

266 — IVLIA. IMP. T. AVG. F. Buste à dr. ℞ VESTA. Vesta assise à g. C. 18. MB. B.

267 — Un exemplaire varié TB. (*Pl. VII*).

268 — **Domitien**. Tête laurée à dr. Cavalier. C. 49. Cippe. C. 70. Prêtre Salien dansant. C. 77. Pallas combattant. C. 204. Pallas debout. C. 233 et Variété. Ens. 6 pièces. Arg. B. et TB.

269 — IMP. CAES. DOMIT. AVG. GERM. P. M. TR. P. V. Tête laurée à dr. ℞ IMP. XI. COS. XII. CENS. P. P. Esclave Germaine assise. C. 199. Or B. (*Pl. V*).

270 — Pallas. C. 263. C. 268. C. 272. C. 293. La Santé debout. C. 384. Mains jointes et aigle légionnaire. C. 393. Autel allumé. C. 397. Ens. 8 pièces. Arg. TB.

271 — IMP. CAES. DOMITIANVS. AVG. P. M. Tête laurée à dr. ℞ TR. POT. IMP. II. COS. VIII. DES. VIIII. P. P. Buste casqué de Pallas à g. C. 608. Or TB. (*Pl. V*).

272 — Pallas combattant. C. 606. La Fortune debout. C. 610. Ens. 2 pièces. Arg. TB., plus un didrachme arg. à légendes grecques. ℞ Massue, pour Césarée de Cappadoce.

273 — ... Tête laurée à dr. ℞ ANNONA. AVGVST... Femme assise à gauche. C. 21. GB. B.

274 — IMP. CAES. DOMIT. AVG... Sa tête laurée à dr. ℞ COS. XIIII. LVD. SAEC. FEC. L'Empereur sacrifiant et deux musiciens devant un temple. C. 85. MB. TB. (*Pl. VII*).

275 — La Bonne Foi debout. C. 111. Variété, petit médaillon Br. sans les lettres SC. B.

276 — IMP. CAES. DOMIT. AVG. GERM. COS. XII. Tête laurée à dr. ℞ IOVI. VICTORI. Jupiter assis à g. C. 310. GB. TB. (*Pl. VII*).

277 — Variété. Lég. à l'avers. COS. XIIII. GB. TB. (Pl. VII).

278 — Autre Variété. COS. XV. C. 314. GB. La Monnaie debout. C. 326. MB. Ens. 2 pièces. Br. B.

279 — Rome assise. C. 410. Autel. C. 417. Pallas combattant. C. 586. La Valeur debout. C. 656. Ens. 4 MB. B. et TB.

280 — **Domitia**. IMP. DOMIT. AVG. Buste à g. ℞ Corbeille d'épis. C. 15. PB. TB.

281 — **Nerva**. L'Equité debout. C. 3. C. 6. Mains jointes. C. 21. C. 22. Mains jointes et aigle légionnaire. C. 29. Ens. 5 pièces. Arg. B. et TB.

282 — Instruments de sacrifice. C. 51. La Fortune debout. C. 66. L'Equité debout. C. 91. Instruments de sacrifice. C. 96. La Santé assise. C. 134. Tête radiée et autel. C. 153. Ens. 6 pièces. Arg. TB.

283. — IMP. NERVA. CAES... Tète laurée à dr. ℞ La Fortune debout à g. C. 67. La Liberté debout. C. 110. Ens. 2 GB. B.

284 — Un exemplaire varié à la Liberté debout. C. 114. GB. B.

285 — **Trajan**. IMP. TRAIANO. AVG. GER. DAC. P. M. TR. P. COS. VI. P. P. Buste lauré à dr. ℞ CONSERVATORI. PATRIS. PATRIAE. Jupiter protégeant Trajan. C. 36. Or TB. (Pl. V).

286 — Mars debout. C. 63. Victoire debout. C. 74. C. 76. La Paix debout. C. 81. L'Espérance debout à g. C. 83. C. 84. Ens. 6 pièces. Arg. TB.

287 — L'Equité debout à g. C. 85. Quadrige. C. 94. Le Danube assis. C. 136. Trajan Père assis. C. 139. La Paix debout. C. 192. L'Abondance debout. C. 209. Mars debout. C. 228. Ens. 7 pièces. Arg. B. et TB.

288 — IMP. CAES. NERVA. TRAIAN. AVG. GERM. Tète laurée à dr. ℞ P. M. TR. P. COS. IIII. P. P Hercule nu debout. C. 232. Or TB. (Pl. V).

289 — Hercule debout. C. 234. Victoire debout. C. 240. C. 242. Mars passant à dr. C. 270. La Valeur debout. C. 272. Génie debout. C. 276. Ens. 6 pièces. Arg. B. et TB.

290 — Cérès debout. C. 366. La Valeur debout. C. 400. Victoire debout. C. 426. Trajan debout couronné par la Victoire. C. 516. La Colonne Trajane. C. 558. Ens. 5 pièces. Arg. B. et TB.

291 — IMP. TRAIANO. AVG. GER. DAC. P. M. TR. P. COS. VI. P. P. Buste drapé. lauré à dr. ℞ S. P. Q. R. OPTIMO. PRINCIPI. 3 enseignes militaires. C. 577. Or. TB. (Pl. V).

292 — 3 Enseignes. C. 577. Vesta assise. C. 644. Femme couchée (La Voie Trajane) C. 648. Autel allumé. C. 665. (2 variétés). Tète laurée à dr. ℞ Tête barbue et cornue, drachme à légendes grecques pour Césarée de Cappadoce. Ens. 6 pièces. Arg. B. et TB. (Pl. V).

293 — Buste radié à dr. ℞ Trajan entre deux trophées. C. 356. MB. Jolie patine vert clair. B.

294 — IMP. CAES. NERVA. TRAIANO... Buste lauré à dr. ℞ S. P. Q. R. OPTIMO. PRINCIPI. dans une couronne. C. ?. Jolie patine verte. B. (*Pl. VIII*).

295 — Buste lauré à dr. ℞ S. P. Q. R. OPTIMO... Rome debout. C. 384. MB. TB.

296 — Buste lauré à dr. ℞ S. P. Q. R... Rome assise. C. 391. ℞ La Paix debout. C. 406. Ens. 2 GB. B.

297 — Buste lauré à dr. ℞ La Paix assise et captif. C. 421. GB. B.

298 — Buste lauré à dr. ℞ Victoire debout et bouclier à lég. VIC. DAC. C. 452. GB. TB.

299 — Variété au buste lauré avec l'égide. C. 454. GB. TB· (*Pl. VIII*).

300 — Même buste varié. ℞ La Fortune debout à g. C. 477. GB. TB.

301 — La Santé assise. C. 485. GB. Trajan galopant à dr. et un ennemi. C. 505. MB. C. 506. MB. Ens. 3 pièces. Br. B.

302 — Trajan debout couronné par la Victoire. C. 516. GB. C. 517. MB. Ens. 2 pièces. Br. B.

304 — Buste lauré à dr. S. P. Q. R. OPTIMO. PRINCIPI. ℞ La Colonne Trajane. C. 561. GB. TB. (*Pl. VIII*).

305 — Buste lauré à dr. ℞ Trois enseignes militaires. C. 579. MB. La Paix assise. C. 636. GB. Ens. 2 pièces. Br. B.

306 — Buste lauré à dr. ℞ Victoire au vol à g. C. 640. MB. TB· (*Pl. VIII*).

307 — DIVO... Buste drapé à dr. ℞ Vainqueur entre deux chevaux. C. 266. (tome VIII). Médaillon contorniate Br.

308 — AYT. NEP. KAIΣ. TPAIA... Tête laurée à dr. ℞ Aigle à dr. Buste à dr. au dessus d'un aigle. ℞ Buste lauré d'Hercule à dr. Tétradrachmes d'Antioche. Buste à dr. ℞ Massue. Didrachme de Césarée de Cappadoce. Ens. 3 p. Arg. B. et TB. (*Pl. V*).

309 — **Plotine**. PLOTINA. AVG. IMP. TRAIANI. Buste diadémé à dr. ℞ CAES. AVG. GERMA. DAC. COS. VI. P. P. Vesta assise à g. C. 2. Or B. (*Pl. V*).

310 — **Adrien**. Tête à dr. ℞ L'Afrique assise. C. 138. La Clémence debout. C. 218. La Concorde assise. C. 252. Neptune debout à g. C. 307. La Liberté debout. C. 371. L'Abondance debout. C. 381. Croissant et étoiles. C. 465. Vaisseau et rameurs. C. 712. Ens. 8 pièces. Arg. TB.

311 — IMP. CAESAR. TRAIAN. HADRIANVS. AVG. Buste drapé, lauré, à dr. ℞ P. M. TR. P. COS. II. La Fortune assise, à g. Exergue FORT. RED. C. 713. Or. TB. (*Pl. V*).

312 — Buste lauré à dr. ℞ Adrien et la Fortune debout. C. 788. L'Espagne couchée. C. 839. La Justice assise. C. 877. Adrien assis sur une estrade. C. 904. Ens. 4 pièces. Arg. TB.

313 — HADRIANVS. AVG. COS. III. P. P. Tête nue à dr. ℞ LIBERALITAS. AVG. VII. La Libéralité debout à g. C. 942. Or TB. (*Pl. V*).

314 — Tête laurée à dr. ℞ La Pitié debout. C. 1023. L'Océan couché. C. 1109. L'Equité debout. C. 1118. C. 1119. Victoire à dr. C. 1132. Ens. 5 pièces. Arg. TB.

315 — Tête à dr. ℞ Adrien et la Gaule. C. 1247. C. 1257. Adrien et l'Espagne. C. 1270. La Santé assise. C. 1324. C. 1327. Victoire debout à dr. C. 1455. Ens. 6 pièces. Arg. TB.

316 — HADRIANVS... Tête laurée à dr. ℞ ADVENTVS. AVG. Rome debout et Adrien debout. C. 86. MB TB.

317 — IMP. CAES... TRAIANVS. HADRIANVS. AVG. Buste radié à dr. ℞ Rome assise et Adrien debout. C. 92. MB. TB.

318 — HADRIANVS... Buste lauré à dr. ℞ L'Afrique couchée à g. C. 142. GB. Janus debout. C. 282. MB. Ens. 2 pièces. Br. B.

319 — HADRIANVS... Tête laurée à dr. ℞ COS III. Neptune debout à dr., le pied sur une proue. C. 305. GB. TB. *Pl. VIII*.

320 — ℞ COS. III. Diane debout. C. 356. GB. Patine verte. B. *Pl. VIII*.

321 — HADRIANVS... Tête laurée à dr. ℞ Adrien galopant à g. C. 590. Vaisseau et rameur. C. 663. Ens. 2. GB. B. et TB. (*Pl. VIII*).

322 — HADRIANVS... Tête laurée à dr. ℞ L'Allégresse debout et 2 enfants. C. 819. La Justice assise à g. C. 880. Ens. 2. GB. B. et TB. *Pl. VIII*.

323 — Buste lauré à dr. ℞ Adrien sur une estrade. C. 950. GB. Trois enseignes militaires. C. 1182. MB. Ens. 2 pièces. Br. B.

324 — IMP. CAESAR. TRAIANVS. HADRIANVS... Buste lauré à dr. ℞ PONT. MAX... Rome assise à g. C. 1187. GB. patine verte TB.

325 — ℞ Adrien debout à g. recevant le sceptre que lui apporte un aigle. C. 1207. GB. TB. *Pl. VIII*.

326 — HADRIANVS... Buste lauré à dr. ℞ RESTITVTORI. GALLIAE. Adrien relevant la Gaule. C. 1249. GB. B.

327 — Buste radié à dr. ℞ SALVS. PVBLICA. Femme debout à g. C. 1358. MB. TB.

338 — Buste lauré à dr. ℞ Le Nil couché. ℞ Génie et l'Empereur debout. ℞ Canope. Ens. 3 tétradrachmes potin pour Alexandrie TB.

339 — Buste lauré à dr. ℞ Sérapis assis. ℞ Buste du Nil. Tête laurée à g. ℞ Buste de Sérapis. Ens. 3 tétradrachmes potin pour Alexandrie TB.

340 — Buste lauré à dr. ℞ Esculape et Hygiée debout. ℞ Le Nil couché. Ens. 2 GB. à légendes grecques frappés à Alexandrie. TB. *(Pl. VIII)*.

341 — **Sabine et Adrien**. Buste lauré d'Adrien à dr. ℞ Buste diadémé de Sabine à dr. Tétradrachme potin pour Alexandrie. TB. *(Pl. V)*.

342 — **Sabine**. Buste diadémé à dr. ℞ La Concorde debout. C. 3. Var. C. 3. La Concorde assise. C. 12. Ens. 3 pièces. Arg. B. et TB.

343 — Buste diadémé à dr. ℞ La Concorde assise C. 25. Junon debout. C. 43. Vénus debout. C. 73. Vesta assise. C. 81. Ens. 4 pièces. Arg. B. et TB.

344 — SABINA. AVGVSTA... Buste avec haute coiffure à dr. ℞ CONCORDIA. AVG. La Concorde debout à g. C. 7. GB. B. *(Pl. VIII)*.

345 — Variété. C. 9. GB. TB. *(Pl. VIII)*.

346 — Buste diadémé à dr. avec la queue. ℞ La Concorde assise. C. 15. GB. B.

347 — Même type varié. ℞ PIETAS. La Piété assise à g. C. 48. GB. B. *(Pl. VIII)*.

348 — Buste diadémé à dr. avec haute coiffure. ℞ Vesta assise à g. C. 66. GB. TB. *(Pl. IX)*.

349 — Même type. ℞ Cérès assise à g. C. 69. GB. Variété. C. 70. MB. Ens. 2 pièces. Br. B.

350 — Buste diadémé à dr. avec la queue. ℞ VESTA. Vesta assise à g. SC. C. 82. GB. B.

351 — **Aélius**. Tête nue à dr. ℞ La Concorde assise. C. 1. Var. C. 1. C. 13. Ens. 3 pièces. Arg. B. et TB.

352 — La Piété debout. C. 36. La Paix debout. C. 50. La Piété debout. C. 53. L'Abondance debout. C. 2. Ens. 4 pièces. Arg. B. et TB.

353 — L. AELIVS... Buste à dr. ℞ PANNONIA. La Pannonie debout à gauche. C. 24. GB. TB. *(Pl. IX)*.

354 — Tête nue à dr. ℞ PIETAS. La Piété debout à g. sacrifiant. C. 39. GB. B.

355 — Tête nue à dr. ℞ SALVS. La Santé assise à g. C. 44. GB. TB.

356 — ℞ TR. POT. COS. II. L'Espérance debout à g. C. 56. GB. B.

357 — Buste nu à dr. ℞ Femme assise à g. GB. Tête nue à dr. ℞ Déesse debout. Tétradrachme potin, pour Alexandrie. Ens. 2 pièces. B. et TB.

358 — **Antinoüs**. Buste à dr. ℞ Antinoüs à cheval à dr. MB. d'Alexandrie.

359 — Buste à g. ℞ Cheval libre à dr. PB. d'Arcadie.

360 — **Antonin le Pieux**. Tête à dr. ℞ Modius. C. 33. Victoire. C. 99. Aigle C. 154. Aigle et autel. C. 155. Aigle et globe. C. 158. Bucher. C. 164. Ens. 6 pièces. Arg. TB.

361 — Vesta debout. C. 203. L'Equité debout. C. 228. C. 240. La Félicité debout. C. 252. La Paix debout. C. 256. L'Abondance debout. C. 283. Antonin debout sacrifiant. C. 301. Ens. 7 pièces. Arg. TB.

362 — ANTONINVS. AVG. PIVS. P. P. TR. P. XVI. Tête laurée à dr. ℞ COS. III. Antonin debout à g. C. 306. Or TB. (*Pl. V*).

363 — Antonin debout dans un temple. C. 331. Trône et foudre. C. 345. Antonin assis. C. 352. Colonne Antonine. C. 353. Autel. C. 357. La Félicité debout. C. 360. La Fortune debout. C. 383. Victoire debout à g. C. 437. La Piété sacrifiant. C. 617. Ens. 9 pièces. Arg. TB.

364 — ANTONINVS. AVG. PIVS. P. P. TR. P. XXIII. Tête laurée à dr. ℞ PIETATI. AVG. COS. IIII. La Piété debout et 3 enfants. C. 622. Or B. (*Pl. V*).

365 — La Santé debout. C. 135. Temple. C. 804. Instruments de sacrifice. C. 836. Variété. C. 836. La louve. C. 915. Ens. 5 pièces. Arg. B. et TB.

366 — ANTONINVS. AVG. PIVS. P. P. IMP. II. Tête laurée à dr. ℞ TR. POT. XXI. COS. IIII. La Santé debout à dr. C. 1042. Or B. (*Pl. V*).

367 — Tête laurée à dr. ℞ Antonin sacrifiant. C. 1113. Tête radiée à dr. Aigle. C. 1188. Autel. C. 1189. Ens. 3 pièces. arg. et billon. TB.

368 — ANTONINVS. AVG.... Buste lauré à dr. ℞ ANNONA. AVG. L'Abondance debout à dr. C. 34. ℞ L'Abondance debout à g. C. 39. Ens. 2 GB. B.

369 — DIVVS ANTONINVS. Tête nue à dr. ℞ CONSECRATIO. Bucher orné. C. 165 GB. TB. (*Pl. IX*).

370 — ANTONINVS. AVG. PIVS... Tête laurée à dr. ℞ COS. IIII. L'Equité debout à g. C. 232. GB. TB. (*Pl. IX*).

371 — ANTONINVS. AVG. PIVS. P.P. TR. P. Tête laurée à dr. ℞ Antonin dans un quadrige à g. C. 320. GB. TB. (*Pl. IX*).

372 — ANTONINVS. AVG... Tête radiée à dr. ℞ COS. IIII. La Statue d'Antonin. en un temple. MB. C. 337 TB.

373 — DIVVS.... ANTONINVS. Tête nue à dr. ℞ DIVO. PIO. Statue d'Antonin sur une colonne. C. 354. GB. TB.

374 — Un autre exemplaire varié GB. TB. (*Pl. IX*).

375 — Même avers. ℞ Autel C. 358. GB. patine vert foncé B.

376 — Tête laurée à dr. ℞ La Félicité debout. C. 362. ℞ L'Honneur debout à g. C. 414. Ens. 2 GB. B.

377 — Tête laurée à dr. ℞ MONETA. AVG. La Monnaie debout à g. C. 558. ℞ PIETATI. AVG. COS. IIII. La Piété debout avec 4 enfants C. 626. Ens. 2. GB. B.

378 — Tête laurée à dr. ℞ SALVS. AVG... La Santé debout à g. sacrifiant C. 728. GB. TB.

379 — Variété ℞ Mars à dr. portant un trophée. C. 751. GB. TB.

380 — Tête laurée à dr. ℞ Le Tibre couché. C. 822. MB. Antonin debout à g. sacrifiant C. 1118. GB. Ens. 2 pièces Br. B.

381 — Tête laurée à dr. ℞ Pallas debout à g. tétradrachme potin. ℞ Antonin ou Sérapis dans un quadrige. GB. Ens. 2 pièces. frappées à Alexandrie B. et TB. (*Pl. IX*).

382 — **Antonin et Marc Aurèle**. Tête nue d'Antonin à dr. ℞ Tête nue de Marc Aurèle. à dr. C. 14. Variété à la tête laurée d'Antonin C. 15. C. 22. Ens. 3 pièces. Arg. B. et TB.

383 — ANTONINVS. AVG. PIVS... Buste lauré à dr. d'Antonin ℞ AVRELIVS.... CAESAR Buste nu à dr. de M. Aurèle C. 37. GB. B.

384 — **Faustine mère**. Buste à dr. ℞ Temple à 6 colonnes. C. 1. La Fortune debout. C. 6. L'Eternité debout. C. 11. Junon debout. C. 26. Uranie debout. C. 32. L'Eternité debout. C. 34. Var. C. 41. Ens. 7 pièces Arg. B. et TB.

385 — DIVA. FAVSTINA. Buste à dr. ℞ AVGVSTA. Diane debout à g. tenant deux torches. C. 75. Or. TB. (*Pl. V*).

386 — Buste à dr. Diane debout à g. C. 78. Cérès debout. C. 104. C. 136. Paon. C. 175. C. 176. Junon. debout. C. 209. Trône et paon C. 219. Ens. 7 pièces. Arg. B. et TB.

387 — DIVA. FAVSTINA. Buste à dr. ℞ AETERNITAS. L'Eternité debout à g. C. 8 GB. TB. (*Pl. IX*).

388 — ℞ L'Eternité assise à g. C. 15. Variété: L'Eternité debout. C. 20. Ens. 2. GB. B.

389 — DIVA AVGVSTA. Buste voilé à dr. ℞ L'Eternité debout à g. C. 38. MB. Buste à dr. ℞ AVGVSTA. Déesse assise à g. C. 126. GB. Ens. 2 pièces Br. B.

390 — Buste voilé à dr. ℞ La Piété debout sacrifiant C. 241. MB. Variété en GB: le buste à dr. non voilé C. 243. Ens. 2 pièces. Br. B. et TB.

391 — **Marc Aurèle.** Tête à dr. ℞ L'Arménie assise. C. 7. La Concorde assise. C. 30. C. 35. C. 39. Aigle à dr. C. 81. Ens. 5 pièces. Arg. TB.

392 — Aigle et foudre. C. 82. C. 83. La Paix debout. C. 105. Marc Aurèle debout. C. 110. La Fortune debout. C. 136. Ens. 5 pièces. Arg. TB.

393. — M. ANTONINVS. AVG. TR. P. XXIIII. Buste lauré à dr. ℞ FELICITAS. AVG. COS. III. La Felicité debout à g. C. 177. Or. TB. (Pl. V).

394 — L'Honneur debout. C. 236. La Victoire debout à g. C. 265. La Libéralité debout. C. 412. Mars debout. C. 435. Ens. 4 pièces. Arg. TB.

395 — ANTONINVS. AVG. ARMENIACVS. Buste nu, cuirassé à dr. ℞ P.M. TR. P. XVIII. IMP. II. COS. II. Victoire debout à dr. attachant un bouclier à légende : VIC. AVG. C. 467. Or. TB. (Pl. V).

396 — L'Abondance debout. C. 484. La Providence debout. C. 518. C. 526. La Santé debout sacrifiant. C. 543. La Sécurité assise. C. 588. Ens. 5 pièces. Arg. TB.

397 — Pallas debout. C. 607. C. 618. Soldat casqué debout. C. 703. La Paix debout. C. 880. Ens. 4 pièces. Arg. TB.

398 — M. ANTONINVS. AVG. ARM. PARTH. MAX. Buste lauré à dr. ℞ TR. P. XX. IMP. III. COS. III. Victoire attachant un bouclier à légende : VIC. PAR. C. 877. Or. TB. (Pl. V).

399 — Victoire debout à dr. C. 878. L'Equité debout. C. 882. Génie debout à g. C. 923. La Santé assise. C. 968. Victoire volant à g. C. 988. Marc Aurèle debout à g. sacrifiant. C. 1036. Ens. 6 pièces. Arg. TB.

400 — Buste lauré à dr. ℞ Victoire à g. Tétradrachme potin pour Alexandrie ℞ Le Mont Argée Didrachme arg. pour Césarée de Cappadoce. Ens. 2 pièces. B.

401 — IMP. CAES. M. AVREL.... Buste nu à dr. ℞ CONCORD. AVGVSTOR.... Marc Aurèle et Lucius Vérus debout. GB. C. 47. Variétés à la tête laurée de l'Empereur à dr. C. 54. GB. C. 55. MB. Ens. 3 pièces Br. B.

402 — DIVVS. M. ANTONINVS... Tête nue à dr. ℞ Aigle sur un autel. C. 85. GB. C. 86. MB. Variété C. 89. GB. Ens. 3 pièces. Br. B.

403 — DIVVS. M. ANTONINVS... Tête nue à dr. ℞ Bûcher. C. 98. M. ANTONINVS... Buste lauré à dr. ℞ Jupiter assis à g. C. 247. ℞ Rome debout. C. [illegible]. Ens. 3 pièces. GB. B. et TB.

404 — M. AVREL.... Tête radiée à dr. ℞ Victoire à g. C. 582. Tête nue à dr. ℞ Vase à sacrifice C. 455. C. 461. Ens. 3. MB. B.

405 — IMP. CAES. M. AVREL..., Buste lauré à dr. ℞ PROV. DEOR. TR. P. XV. COS. III. La Providence debout. C. 512. GB. TB. (Pl. IX).

406 — M. ANTONINVS. AVG.... Tête laurée à dr. ℞ RELIG. AVG. à l'exergue. Mercure en un temple à 4 colonnes. C. 535. GB. TB. (Pl. IX).

407 — M. ANTONINVS... Buste lauré à dr. ℞ RESTITVTORI. ITALIAE. Marc Aurèle relevant l'Italie. C. 540. GB. TB.

408 — ℞ SALVTI. AVGVSTOR... La Santé debout sacrifiant à g. C. 564. GB. TB.

409 — M. AVRELIVS.... Tête nue à dr. ℞ La Clémence debout à dr. et une jeune fille. GB. C. 629. Variété. Tête nue à dr. ℞ Pallas debout. C. 638. MB. Ens. 2 pièces. Br. B.

410 — AVRELIVS. CAES... Buste nu à dr. ℞ TR. POT. VIII. COS. II. La Santé debout à g. C. 670. MB. TB.

411 — AVRELIVS. CAES... Buste nu à d. ℞ Pallas debout à g. C. 678. var. Buste lauré à dr. ℞ La Providence debout. C. 805. Ens. 2 GB. B.

412 — M. ANTONINVS... Tête laurée à dr. ℞ TR. POT. XXI. IMP. IIII. COS. III. Victoire à g. C. 815. GB. TB.

413 — Un exemplaire varié TR. P. XVIII. IMP. II. C. 830 var. GB. B.

414 — **Faustine jeune**. FAVSTINAE. AVG. PII. AVG. FIL. Buste à dr. ℞ CONCORDIA. La concorde debout à d. C. 41 var. Or. TB. (*Pl. X*)

415 — Buste à dr. ℞ La Concorde debout. C. 21. C. 42. La Concorde assise. C. 54. 2 variétés. Paon. C. 71. 2 variétés. Ens. 6 pièces. Arg. TB.

416 — Buste à dr. ℞ Trône et paon. C. 73. Autel. C. 75. La Fécondité debout et 4 enfants. C. 95. La Fortune assise. C. 107. Junon debout. C. 139. Ens. 5 pièces. Arg. TB.

417 — Buste à dr. ℞ Junon debout. C. 141. La Joie debout. C. 155. Cybèle assise C. 172. La Pudeur debout. C. 185. Ens. 4 pièces. Arg. B. et TB.

418 — La Santé assise C. 195. Pulvinar et 2 enfants. C. 191. 2 pièces variées. Vénus debout. C. 261. Ens. 4 pièces. Arg. TB.

419 — FAVSTINA. AVGVSTA. Buste à dr. ℞ La Concorde debout à g. C. 22. var. C. 47. Ens. 2 GB. B.

420 — DIVA. FAVSTINA. PIA. Buste à dr. ℞ CONSECRATIO. Faustine enlevée par un paon. C. 69. GB. TB. (*Pl. IX*).

421 — FAVSTINA... Buste à dr. ℞ La Fécondité à g. et 4 enfants. C. 93. Var. La Fécondité à dr. et un enfant. Ens. 2 GB. B.

422 — FAVSTINA... Buste à dr. ℞ HILARITAS L'Allégresse debout. C. 113. MB. TB. (*Pl. IX*).

423 — Variété. C. 115. MB. ℞ Junon debout à g. C. 136. GB. C. 142. GB. Ens. 3 pièces. Br. B

424 — ℞ Junon debout à g. C. 143. MB. ℞ Cybèle assise C. 169. GB. La Santé assise C. 291. MB. Ens. 3 pièces. Br. B.

425 — DIVA. FAVSTINA. PIA. Buste à dr. ℞ SIDERIBVS. RECEPTA. Diane à dr. C. 215. GB. TB. (Pl. IX).

426 — Vénus debout à g. C. 252. GB. Tête à dr. ℞ Statue en un temple. GB. à légendes grecques frappé à Alexandrie. Ens. 2 pièces B.

427 — **Annius Vérus**. Tête nue enfantine à dr. ℞ SC. en une couronne. PB. B.

428 — **Lucius Vérus**. Tête à dr. Aigle. C. 55. La Paix debout C. 125. La Providence debout. C. 144. 2 variétés. C. 154. Ens. 5 pièces. Arg. B. et TB.

429. L. VERVS. AVG. ARMENIACVS. Tête nue à dr. ℞ TR. P. IIII. IMP. II. COS. II. Victoire à dr. et bouclier à légende. VIC. AVG. C. 248. Or. FDC. (Pl. X).

430 — L'Arménie assise. C. 220. Mars debout. C. 228. C. 229. Victoire à g. C. 240. Parthe assis. C. 273. L'Equité debout. C. 297. Ens. 6 pièces. Arg. B et TB.

431 — L. VERVS. AVG. ARM. PARTH. MAX. Buste lauré, cuirassé à dr. ℞ TR. P. VI. IMP. IIII. COS. II. Vérus galopant à dr. et foulant de son cheval un ennemi. C. 287. Var. Or. TB. (Pl. X).

432 — IMP. CAES. L. AVREL. VERVS. AVG. Tête nue à dr. ℞ CONCORDIA. AVGVSTOR. TR. P. Lucius Vérus et Marc Aurèle debout. C. 27. GB. C. 31. MB. Variété à la tête radiée C. 33. MB. Ens. 3 pièces Br. B.

433. Une variété à la tête nue ; jolie patine verte C. 36. GB. TB. (Pl. IX).

434 — Variété au buste lauré. C. 40. GB. Tête nue. ℞ La Fortune assise à g. C. 97. MB. Ens. 2 pièces. Br. B.

435 — L. VERVS. AVG.... Tête laurée à dr. ℞ Victoire à dr. C. 206. var. GB. Tête radiée à dr. C. 208. MB. Ens. 2 pièces. Br. B.

436 — Buste à dr. ℞ La Concorde assise à g. C. 6. C. 7. La Joie debout. C. 28. La Piété debout. C. 50. La Pudeur assise. C. 62. Ens. 5 pièces. Arg. TB.

437 — LVCILLAE. AVG. ANTONINI. AVG. F. Buste à dr. ℞ VENVS. Vénus debout à g. C. 69. Or. TB. (Pl. X).

438 — Buste à dr. ℞ Vénus debout. C. 89. C. 90. VOTA PVBLICA en une couronne C. 98. Ens. 3 pièces. Arg. B. et TB.

439 — LVCILLAE. AVG.... Buste à dr. ℞ La Concorde assise à g. C. 10. La Fécondité assise à dr. et 3 enfants. C. 23. Ens. 2 GB. B.

440 — LVCILLAE. AVG. Buste à dr. ℞ Junon assise à g. C. 37. GB. Junon debout à g. C. 44. MB. La Piété sacrifiant à g. C. 54. GB. Ens. 3 pièces. B.

441 — LVCILLAE AVG.... Buste à dr. ℞ VENVS. Vénus debout à g. appuyée sur une haste C. 72. GB. TB.

442 — Une variété sans la haste. C. 77. GB. TB. (*Pl. XI*).

443 — ℞ Vénus assise à g. C. 86. MB. B.

444 — **Commode**. Tête laurée à dr. ℞ Apollon en femme. C. 25. La Santé assise. C. 66. La Fortune assise. C. 150. Génie sacrifiant. C. 172. La Liberté debout. C. 282. Ens. 5 pièces. Arg. TB.

445 — M. COMMODVS. ANTONINVS. AVG. Buste lauré. cuirassé à dr. ℞ TR. P. VII. IMP. IIII. COS. III. P.P. Commode assis à g. sur une estrade et 3 personnages. Exergue : LIBERAL. V. C. 313. Or. TB. (*Pl. X*).

446 — Tête laurée à dr. ℞ La Noblesse debout. C. 385. Vase à sacrifice. C. 401. L'Equité debout. C. 446. Victoire assise. C. 775. La Providence debout. C. 804. La Paix debout. C. 805. Ens. 6 pièces. Arg. TB.

447 — La Paix debout. C. 807. L'Abondance debout. C. 811. La Santé debout sacrifiant. C. 845. La Valeur debout. C. 966. Personnage debout. C. ?. Ens. 5 pièces. Arg. TB.

448 — L. AVREL. COMMODVS... Tête laurée à dr. ℞ Pallas debout à g. sacrifiant. C. 234. GB. TB.

449 — M. COMMODVS... Tête laurée à dr. ℞ IOVI. IVVENI... Jupiter debout à gauche. C. 253. GB. TB.

450 — M. COMMODVS... Tête laurée à dr. ℞ ITALIA. L'Italie tourelée assise à g. C. 267. GB. TB. (*Pl. XI*).

451 — L. AVREL. COMMODVS... Buste jeune à dr. ℞ LIBERALITAS. AVG. Commode assis à g. sur une estrade et 3 personnages. C. 294. MB. B.

452 — IMP. CAES. L. AVREL. COMMODVS... Buste lauré à dr. ℞ Marc Aurèle et Commode assis à g. sur une estrade et 3 personnages. LIBERALITAS. AVG. C. 295. GB. B.

453 — L. AVREL. COMMODVS... Buste lauré à dr. ℞ LIBERTAS. AVG. La Liberté debout à g. C. 330. GB. TB.

454 — Tête laurée à dr. ℞ La Noblesse debout à dr. C. 381. Victoire passant à g. C. 569. Ens. 2. GB. B.

455 — L. AEL. AVREL. COMM. AVG... Tête laurée à dr. ℞ P.M. TR. P. XVII. Rome et la Concorde debout. C. 588. GB. TB. (*Pl. XI*).

456 — L. AVREL. COMMODO. CAES... Buste jeune à dr. ℞ PRINC. IVVENT. Commode debout à g. et trophée. C. 612. var. GB. TB. (*Pl. XI*).

457 — M. COMMODVS... Tête laurée à droite. ℞ Victoire à droite. C. 670. GB. B.

458 — IMP. CAES. L. AVREL. COMMODVS... Buste jeune lauré à dr. ℞ Quadrige à g. C. 749. GB. B. *Pl. XI*.

459 — Tête laurée à dr. ℞ Pallas debout à g. C. 820. MB. Victoire à dr. C. 898. GB. Ens. 2 pièces. Br. B.

460 — M. COMMODVS... Tête laurée à dr. ℞ TR. P. VIII. IMP. VI... La Paix debout à g. C. 908. GB. TB.

461 — **Crispine.** Buste à dr. ℞ Mains jointes. C. 9. Autel. C. 16. Ens. 2 pièces. Arg. TB.

462 — L'Allégresse debout. C. 18. Junon debout. C. 21. Vénus debout. C. 35. Ens. 3 pièces. Arg. TB.

463 — CRISPINA... Buste à dr. ℞ La Concorde assise à g. C. 6. GB. Junon debout à g. C. 23. MB. C. 25. MB. Ens. 3 pièces. Br. B.

464 — CRISPINA. AVG. IMP. COMMODI. AVG. Buste à dr. ℞ SALVS. La Santé assise à g. C. 32. GB. TB. *Pl. XI*.

465 — CRISPINA. AVGVSTA. Buste à dr. ℞ Vénus assise à g. C. 40. GB. B.

466 — **Pertinax.** IMP. CAES. P. HE... ERTINAX. Tête laurée à dr. ℞ VOT. DECEN. TR. P. COS. II. Pertinax debout à g. et sacrifiant. C. 56. Arg. B. *Pl. X*.

467 — IMP. CAES. P. HELV. PERTINAX. AVG. Tête laurée à dr. ℞ L'Equité debout à g. C. 5. GB. *Pl. XI*.

468 — **Dide Julien.** ...CAES. M. DI... IVLIAN. AVG. Tête laurée à dr. ℞ CONCORD. MILIT. La Concorde debout à g. entre 2 enseignes militaires. C. 2 var. Arg. B. ébréché.

469 — IMP. CAES. D. IVLIAN. AVG. Tête laurée à dr. ℞ P. M. TR. P. COS. La Fortune debout à g. C. 10. Arg. TB. *Pl. X*.

470 — IMP. CAES. M. DID. SEVER. IVLIAN. AVG. Tête laurée à dr. ℞ P. M. TR. P. COS. La Fortune debout à g. C. 12. GB. B.

471 — Même avers. ℞ RECTOR. ORBIS. Julien debout à g. C. 17. GB. TB. *Pl. XI*.

472 — **Manlia. Scantilla.** MAN. . SCANTILLA... Buste à dr. ℞ Junon debout à g. C. 6. GB. *Pl. XI*.

473 — **Didia. Clara.** DIDIA. CLARA. AVG. Buste à dr. ℞ HILARITAS. L'Allégresse debout à g. C. 4. GB. *Pl. XI*.

474 — **Pescennius. Niger.** ...CAES.C.PESC. NIGER... Tête laurée à dr. ℞ IVSTITIA. AVG. L'Equité debout à g. C. 43. Arg. B.

475 — **Albin.** Tête à dr. ℞ Esculape debout. C. 9. Mains jointes et aigle légionnaire. C. 22. Ens. 2 pièces. Arg. B. et TB.

476 — Minerve debout. C. 48. La Paix. C. 54. Ens. 2 pièces. Arg. TB.

477 — D. CLOD. SEPT. ALBIN... Tête nue à dr. ℞ La Félicité à g. C. 16. GB. B. *(Pl. XI)*.

478 — Tête nue à dr. ℞ Minerve debout à g. C. 49. ℞ La Providence debout à g. C. 59. Ens. 2 GB. B.

479 — **Septime Sévère.** L. SEPT. SEV. PERT. AVG. IMP. VII. Tête laurée à dr. ℞ DIVI. M. P II. F. P. M. TR. P. III. COS. II. P.P. Victoire passant portant un trophée, à g. Manque à Cohen. Or. TB. *(Pl. X)*.

480 — Tête laurée à dr. ℞ Victoire à g. C. 96. La Félicité debout à g. C. 135. Sévère debout. C. 205. Déesse de Carthage sur un lion. C. 219. La Providence debout. C. 222. Aigle légionnaire. C. 266. La Libéralité debout. C. 293. Bacchus debout C. 301. Trophée. C. 370. Ens. 9 pièces. Arg. TB.

481 — Jupiter assis. C. 380. Le Soleil debout. C. 433. Jupiter debout. C. 469. Mars debout C. 471. L'Abondance sacrifiant. C. 472. Génie sacrifiant. C. 475. Victoire à dr. C. 489. Neptune debout. C. 529. Ens. 8 pièces. Arg. TB. et FDC.

482 — La Santé assise. C. 531. Jupiter debout. C. 540. Sévère à cheval. C. 580. Sévère sacrifiant. C. 599. Rome assise. C. 606. La Valeur debout. C. 761. Sévère sacrifiant. C. 791. Ens. 7 pièces. Arg. TB.

483 — L. SEPT. SEVER... Tête radiée à dr. ℞ L'Afrique debout à dr. C. 30. MB. Buste lauré à dr. ℞ Mars debout à dr. C. 401. GB. Ens. 2 pièces. Br. B.

484 — L. SEPT. SEV. PERT... Tête laurée à dr. ℞ SAECVLI. FELICITAS. La Félicité debout à g. C. 630. GB. TB. *(Pl. XI)*.

485 — IMP. CAES. L. SEPT. SEV... Tête laurée à dr. ℞ Victoire à g. C. 683. GB. ℞ Victoire à dr. C. 724. MB. Ens. 2 pièces. Br. B.

486 — Buste lauré à dr. ℞ Deux temples en regard. Médaillon Br. de Périnthus. à légendes grecques. B.

487 — **Julia Domna.** Buste à dr. ℞ Cérès assise. C. 14. La Concorde assise. C. 21. Diane debout. C. 32. La Fortune debout. C. 55. L'Allégresse et 2 enfants. C. 79. Junon debout. C. 97. Ens. 6 pièces. Arg. TB.

488 — Diane à g. dans un bige. C. 106. Quadrige de lions à g. C. 117. Cybèle assise. C. 123. 2 variétés. La Piété sacrifiant. C. 150. Ens. 5 pièces. Arg. TB.

489 — IVLIA. DOMNA. AVG. Buste à dr. ℞ VENERI. VICTR. Vénus mi-nue debout à dr. C. 193. Or. B. *(Pl. X)*.

490 — La Piété debout. C. 156. La Pudeur assise. C. 168. Vénus assise. C. 211. C. 212. Vesta assise. C. 226. Vesta debout. C. 230. Var. C. 246. Ens. 7 pièces. Arg. TB.

491 — IVLIA AVGVSTA. Buste à dr. ℞ IVNONI... Junon assise à g. C. 94. GB. IVLIA. PIA... Buste à dr. ℞ LVNA. LVCIFERA. Bige à g. C. 109. MB. Ens. 2 pièces. Br. B.

492 — IVLIA. PIA. FELIX. AVG. Buste à dr. ℞ Julie assise à g. C. 122. GB. TB. (Pl. XI).

493 — Types du précédent en MB. C. 113. IVLIA... ℞ Cybèle dans un quadrige à g. C. 119. Ens. 2 MB. B.

494 — IVLIA. PIA. FELIX. AVG. Buste à dr. ℞ SAECVLI. FELICITAS. La Félicité debout à g. sacrifiant. C. 178. GB. TB. *Pl. XI*.

495 — **Caracalla.** Buste lauré à dr. ℞ La déesse de Carthage sur un lion. C. 97. Julie assise. C. 104. La Libéralité debout. C. 124. C. 128. L'Abondance debout. C. 146. Mars à g. C. 150. Minerve debout. C. 159. Ens. 7 pièces. Arg. TB.

496 — Trophée. C. 175. La Paix debout C. 190. La Santé assise. C. 206. Sérapis debout C. 211. Eléphant. C. 230, Jupiter debout. C. 279. Apollon debout. C. 282. Ens. 7 pièces. Arg. TB. et FDC.

497 — Le Soleil debout. C. 287. La Foi Militaire debout. C. 315. L'Empereur nu debout C. 342. Jupiter debout C. 373. C. 375. Bige de Taureaux. C. 396. Jupiter debout C. 413. La Santé assise C. 422. Mars à dr. C. 431. La Sécurité assise C. 434. Ens. 8 pièces. Arg. TB.

498 — Mars à dr. C. 447. La Valeur debout C. 464. La Concorde assise. C. 465. La Valeur debout C. 478. Ens. 4 pièces. Arg. FDC.

499 — M. AVR. ANTON. CAES. PONTIF. Buste jeune à dr. ℞ PRINCIPI. IVVENTVTIS. Caracalla debout à g. Derrière lui trophée. C. 504. Or. TB. (Pl. X).

500 — Le Prince debout. C. 508. L'Empereur à cheval C. 511. Caracalla debout. C. 542. C. 547. Pallas debout. C. 562. La Sécurité assise. C. 571. Ens. 6 pièces. Arg. TB.

501 — Vénus debout. C. 608. Victoire assise C. 656. Victoire debout à g. C. 658. La Val ur debout. C. 665. Cacacalla debout sacrifiant. C. 689. Ens. [illegible] pièces. Arg. TB.

502 — M. AVREL. ANTONINVS. PIVS... Buste lauré à dr. ℞ P. M. TR. P. XVII. IMP... Mars debout à g. C. 257. GB TB. (Pl. XI).

503 — Autre buste lauré à dr. ℞ P. M. TR. P. XX. Lion tenant un foudre à g. C. 404. MB. TB. (Pl. XI).

504 — M. AVREL. ANTONINVS. PIVS. AVG. Buste lauré à dr. ℞ PONTIF. TR. P. XIII. COS. III. Caracalla, Géta et Sévère debout, sacrifiant. C. 484. GB. TB. *Pl. XI*.

505 — Buste lauré à dr. ℞ La Providence debout. C. 533. MB. ℞ La Sécurité assise. C. 576. GB. Ens. 2 pièces. Br. B.

506 — Buste lauré à dr. ou à g. ℞ Aigle. 2 tétradrachmes. Argent bas à légendes grecques pour Antioche. TB. (*Pl. X*).

507 — **Plautille.** Buste à dr. ℞ La Concorde debout. C. 4. ℞ Plautille debout et Caracalla. C. 10. Ens. 2 pièces. Arg. B. et TB.

508 — Buste à dr. ℞ Plautille debout à dr. C. 16. Plautille et Caracalla debout. C. 21. Vénus debout à g. C. 25. Ens. 3 pièces. Arg. TB.

509 — **Géta.** Tête à dr. ℞ La Félicité debout. C. 38. Minerve debout. C. 81. Génie sacrifiant. C. 114. C. 129. 2 variétés. Géta debout à g. C. 157. Ens. 6 pièces. Arg. TB. et FDC.

510 — Buste jeune à dr. Géta debout à g. C. 159. La Sécurité assise. C. 183. Janus debout. C. 197. La Providence debout. C. 200. Géta sacrifiant. C. 230. Ens. 5 pièces. Arg. TB. et FDC.

511 — IMP. CAES. P. SEPT. GETA PIVS. AVG. Buste lauré à dr. ℞ PONTIF. TR... Mars debout à g. érigeant un trophée C. 134. MB. TB

512 — Autre buste lauré ℞ PONTIF. TR. P. II... Caracalla et Géta debout sacrifiant. C. 145. GB. B. (*Pl. XII*).

513 — P. SEPTIMIVS. GETA. PIVS. AVG. BRIT. Tête laurée à dr. ℞ VICT. BRIT. TR. P. III. COS. II. Victoire assise à dr. C. 210. GB. B.

514 — **Macrin.** Buste lauré à dr. ℞ La Foi Militaire entre 2 enseignes. C. 23. Jupiter debout. C. 33. Ens. 2 pièces. Arg. TB.

515 — Buste radié à dr. ℞ Jupiter debout. C. 37. Tête laurée à dr. ℞ L'Abondance debout sacrifiant. C. 47. Ens. 2 pièces. Arg. B. et TB.

516 — Macrin assis C. 51. La Félicité debout. C. 65. La Santé assise. C. 116. Ens. 3 pièces. Arg. TB.

517 — IMP. CAES. M. OPEL. SEV. MACRINVS... Buste lauré à dr. ℞ PONTIF... La Paix debout à g. C. 66. GB. B. (*Pl. XII*).

518 — ℞ L'Abondance debout à g. C. 4[illegible]. GB. ℞ La Félicité debout. C. 94. MB. Ens. 2 p. Br. B.

519 — **Diaduménien.** M. OPEL. ANT. DIADVMENIAN. CAES. Buste nu et drapé à dr. ℞ PRINC. IVVENTVTIS. Diaduménien entre 2 enseignes. C. 3. Arg. TB.

520 — ℞ SPES. PVBLICA. L'Espérance à g. C. 21. Arg. TB.

521 — M. OPEL. ANTONINVS. DIADVMENIANVS. CAES. Buste tête nue à dr. ℞ PRINC. IVVENTVTIS. L'Empereur debout à g. et 3 enseignes militaires. C. 7. GB. TB. (*Pl. XII*).

522 — Variété en MB. C. 8. B.

523 — **Elagabale**. Buste à dr. ℞ L'Abondance debout à g. C. 1. La Fidélité assise. C. 28. C. 32. La Fortune debout. C. 50. L'Allégresse debout et 2 enfants. C. 54. Jupiter debout. C. 66. Ens. 6 pièces. Arg. TB.

524 — La Liberté debout. C. 92. Mars debout. C. 109. Rome assise. C. 136. C. 142. La Paix debout. C. 143. Victoire à g. C. 195. Ens. 6 pièces. Arg. TB.

525 — La Providence à g. C. 243. La Santé. C. 254. C. 260. Elagabale debout. C. 276. Victoire. C. 291. C. 300. C. 304. Elagabale sacrifiant. C. 306. Ens. 8 p. Arg. TB.

526 — IMP. CAES. M. AVR. ANTONINVS. PIVS. AVG. Buste lauré à dr. ℞ LIBERALITAS. AVGVSTI. II. La Libéralité debout à g. C. 84. GB. TB.

527 — ℞ La Liberté debout à g. C. 103. ℞ La Paix debout à g. C. 121. Ens. 2 GB. B.

528 — Buste lauré à dr. ℞ Rome assise à g. C. 130. GB. B.

529 — Buste lauré à dr. ℞ P.M. TR. P. III. COS. III. P.P. Le Soleil allant à g. C. 156. GB. TB. *(Pl. XII)*.

530 — IMP. CAESAR. M. AV. ANTONINI. Buste lauré à dr. ℞ SIDON. 3 enseignes militaires. GB. colonial de Sidon. TB. *(Pl. XII)*.

531 — **Julia Paula**. Buste à dr. ℞ La Concorde assise à g. C. 6. Elagabale et Julia debout. C. 12. Ens. 2 pièces. Arg. TB. *(Pl. X)*.

532 — **Aquilia Severa**. Buste à dr. ℞ La Concorde debout à g. C. 2. Arg. B.

533 — Buste à dr. ℞ Sérapis assis à g. Aigle à dr. L'Abondance debout à g. Ens. 3 tétradr. potin pour Alexandrie. B.

534 — **Julia Soemias**. Buste à dr. ℞ L'Abondance debout à g. C. 2. Vénus debout. C. 8. Vénus assise. C. 14. Ens. 3 pièces. Arg. TB.

535 — IVLIA. SOAEMIAS. AVG. Buste diadémé à dr. ℞ VENVS. CAELESTIS. Vénus debout à g. C. 11. GB. B. *(Pl. XII)*.

536 — Variété. C. 12. MB. B.

537 — **Julia Maesa**. Buste à dr. ℞ Junon debout à g. C. 16. C. 21. La Piété sacrifiant. C. 29. C. 30. Ens. 4 pièces. Arg. TB.

538 — La Piété sacrifiant. C. 34. La Pudeur assise. C. 36. 2 variétés. La Félicité debout. C. 45. Ens. 4 pièces. Arg. TB.

539 — IVLIA. MAESA... Buste à dr. ℞ La Félicité debout à g. C. 47. GB. et tétradr. potin à légendes grecques pour Alexandrie. ℞ Tête de femme à g. Ens. 2 p. B.

540 — **Alexandre Sévère**. Buste lauré à dr. ℞ L'Abondance. C. 28. La Foi militaire. C. 52. Jupiter. C. 76. C. 84. La Libéralité. C. 133. Mars. C. 161. C. 305. Alexandre sacrifiant. C. 325. Mars. C. 337. Le Soleil debout. C. 391. Ens. 10 pièces. Arg. TB.

541 — IMP. C. M. AVR. SEV. ALEXAND. AVG. Buste lauré à dr. ℞ P. M. TR. P. IIII. COS. PP. Alexandre debout à g. C. 268. Or TB. *(Pl. X)*.

542 — Le Soleil debout à g. C. 434. C. 440. C. 453. L'Espérance. C. 543. La Providence. C. 508. La Santé assise. C. 530. Romulus à dr. C. 584. Ens. 7 pièces. Arg. TB.

543 — Tête radiée à dr. ℞ Autel. C. 597. Aigle. C. 599. Ens. 2 pièces. Arg. TB.

544 — Buste lauré à dr. ℞ L'Equité debout à g. C. 20. L'Abondance debout. C. 36. La Justice assise. C. 106. Ens. 3 GB. B. et TB.

545 — La Libéralité debout. C. 134. MB. Mars à dr. C. 168. GB. La Santé assise à g. C. 220. GB. Ens. 3 pièces. Br. B. et TB.

546 — Alexandre debout à g. sacrifiant. C. 358. Quadrige à dr. C. 377. Ens. 2 GB. B.

547 — Tête laurée à dr. ℞ Quadrige à dr. C. 378. MB. ℞ Le Soleil debout à dr. C. 393. GB. Ens. 2 pièces. Br. TB.

548 — IMP. ALEXANDER. PIVS. AVG. Buste lauré à dr. ℞ P.M. TR. P. X. COS. III. P.P. L'Abondance debout à g. et modius. C. 421. GB. TB. *(Pl. XII)*.

549 — Le Soleil allant à g. C. 449. GB. La Providence debout à g. C. 503. GB. Victoire à dr. C. 567. GB. Tête radiée à dr. ℞ La Providence debout à g. C. 504. MB. Ens. 4 pièces. Br. B. et TB.

550 — Buste lauré à dr. ℞ Buste de Sérapis. ℞ La Fortune debout à g. 2 tétradr. potin à légendes grecques pour Alexandrie. TB.

551 — **Orbiane**. SALL. BARBIA. ORBIANA. AVG. Buste diadémé à dr. ℞ CONCORDIA. AVGG. La Concorde assise à g. C. 1. Arg. TB. *(Pl. X)*.

552 — Même type. ℞ CONCORDIA. AVGVSTORVM. La Concorde assise à g. C. 4. GB. TB. *(Pl. XII)*.

553 — ℞ Alexandre et Orbiane debout. C. 6. GB. Buste à dr. ℞ La Fortune debout. Tétradrachme potin pour Alexandrie. Ens. 2 pièces. B.

554 — **Julia Maméa**. Buste diadémé à dr. ℞ Junon assise. C. 6. La Félicité debout. C. 17. La Félicité assise. C. 24. La Fécondité assise. C. 32. Junon debout. C. 35. Vénus debout. C. 72. C. 76. Vesta debout. C. 81. Ens. 8 pièces. Arg. TB.

555 — IVLIA. MAMAEA... Buste diadémé à dr. ℞ La Félicité debout à g. C. 21. GB. Var. C. 22. MB. Vénus debout à dr. C. 66. GB. Ens. 3 pièces. Br. B. et TB.

556 — ℞ VESTA. Vesta debout à g. C. 83. GB. TB. *(Pl. XII)*.

557 — Buste à dr. ℞ Buste de Pallas. ℞ Buste de femme. Ens. 2 tétradrachmes potin pour Alexandrie. TB.

558 — **Maximin Ier**. Buste lauré à dr. ℞ La Fidélité Militaire. C. 7. La Paix debout. C. 31. C. 37. Maximin debout. C. 46. C. 56. La Providence. C. 77. La Santé assise. C. 85. Victoire. C. 99. Ens. 8 pièces. Arg. TB. et FDC.

559 — MAXIMINVS. PIVS. Buste lauré à dr. La Fidélité debout. C. 13. GB. La Paix debout à g. C. 34. GB. Tête radiée à dr. ℞ La Paix debout. C. 35. MB. Ens. 3 pièces. Br. B. et TB.

560 — Buste lauré à dr. ℞ La Paix debout à g. C. 38. GB. Buste radié à dr. ℞ Maximin debout à g. C. 69. var. MB. La Santé assise à g. C. 99. MB. Ens. 3 pièces. Br. B. et TB.

561 — Buste lauré à dr. ℞ SALVS. AVGVSTI. La Santé assise à g. C. 92. GB. TB. *Pl. XII*.

562 — Victoire passant à dr. C. 100. GB. Variété: Victoire debout à g. et Germain captif. C. 109. GB. Jupiter couché. Trophée. 2 tétradrachmes potin d'Alexandrie. Ens. 4 pièces. B. et TB.

563 — **Pauline**. DIVA. PAVLINA. Buste voilé à dr. ℞ CONSECRATIO. Pauline assise sur un paon. C. 2. Arg. B. *(Pl. X)*.

564 — Mêmes types. GB. C. 3. B. *(Pl. XII)*.

565 — **Maxime**. MAXIMVS. CAES. GERM. Buste à dr. ℞ PRINC. IVVENTVTIS. Maxime debout à g. Derrière lui. enseignes militaires. C. 10. Arg. TB. *Pl. X*.

566 — C. IVL. VERVS. MAXIMVS. CAES. Buste tête nue à dr. ℞ PIETAS. AVG. Vase à sacrifice. C. 5. GB. TB.

567 — Variété de légende à l'avers: MAXIMVS. CAES. GERM. C. 7. GB. C. 8. MB. Ens. 2 pièces. Br. B.

568 — Buste à dr. ℞ PRINCIPI. IVVENTVTIS. Maxime debout à g. Derrière lui. 2 enseignes militaires. C. 14. GB. C. 15. MB. Ens. 2 pièces. Br. B.

569 — **Gordien d'Afrique Père.** IMP. M. ANT. GORDIANVS. AFR. AVG. Buste lauré à dr. ℞ SECVRITAS. AVGG. La Sécurité assise à g. C. 10. Arg. TB. (*Pl. X*).

570 — IMP. CAES. M. ANT. GORDIANVS. AFR. AVG. Buste lauré à dr. ℞ VICTORIA. AVGG. Victoire à g. C. 14. GB. TB. (*Pl. XII*).

571 — **Gordien d'Afrique fils.** IMP. M. ANT. GORDIANVS. AFR. AVG. Buste lauré à dr. ℞ VICTORIA. AVGG. Victoire à g. C. 12. Arg. TB. (*Pl. X*).

572 — IMP. CAES. M. ANT. GORDIANVS. AFR. AVG. Buste lauré à dr. ℞ VICTORIA. AVG. Victoire à g. C. 13. GB. TB. (*Pl. XII*).

573. — **Balbin.** IMP. CAES. D.C. AEL. BALBINVS. AVG. Buste radié à dr. ℞ Mains jointes. C. 6. C. 17. Ens. 2 pièces. Arg. TB.

574 - Buste lauré à d. ℞ La Providence debout. C. 23. Victoire debout à g. C. 27. Ens. 2 pièces. Arg. TB.

575 — IMP. C. D. C. AEL. BALBINVS... Buste lauré à dr. ℞ La Concorde assise à g. C. 4. GB. B. (*Pl. XII*).

576 — La Libéralité debout à g. C. 11. Victoire debout de face. C. 29. Ens. 2 GB. B.

577 — **Pupien.** IMP. CAES. M. CLOD. PVPIENVS. AVG. Buste radié à dr. ℞ Mains jointes. C. 1. C. 2. Ens. 2 pièces. Arg. TB.

578 — Variétés. C. 3. C. 21. Ens. 2 pièces. Arg. TB.

579 — IMP. CAES. M. CLOD. PVPIENVS. AVG. Buste lauré à dr. ℞ La Concorde assise à g. C. 7. GB. La Libéralité debout à g. C. 15. GB. Ens. 2 GB. B.

580 — IMP. CAES. PVPIEN. MAXIMVS... Buste lauré à dr. ℞ La Paix assise à g. C. 23. Variété : La Providence debout. C. 34. Ens. 2 GB. B.

581 — IMP. CAES. M. CLOD. PVPIENVS. AVG. Buste lauré à dr. ℞ VICTORIA. AVG. Victoire à g. C. 38. GB. TB. (*Pl. XII*).

582 — **Gordien III, le Pieux.** IMP. GORDIANVS. PIVS. FEL. AVG. Buste lauré à dr. ℞ AETERNITATI. AVG. Le Soleil debout à g. C. 37. Or. B. (*Pl. X*).

583 — Tête à dr. ℞ Diane tenant une torche. C. 69. La Fidélité debout. C. 86. Jupiter nu. C. 105. C. 109. C. 113. La Joie debout. C. 121. Mars à dr. C. 160. Le Soleil à g. C. 167. La Paix debout. C. 173. La Piété debout. C. 186. Ens. 10 p. Arg. TB. et FDC.

584 — Jupiter nu à g. C. 189. Gordien debout. C. 210. Gordien à cheval. C. 234. Apollon assis. C. 238. La Providence. C. 297. C. 298. La Valeur. C. 381. Mars à g. C. 383. Hercule nu. C. 403. Ens. 9 pièces. Arg. TB. et FDC.

585 — IMP. GORDIANVS... PIVS... Buste lauré à dr. ℞ Le Soleil debout à g. C. 43. Jupiter debout à g. C. 106. Ens. 2 GB. B. et TB.

586 — ℞ LAETITIA. AVG. N. La Joie debout à g. C. 122. GB. TB. (*Pl. XII*).

587 — Buste lauré à dr. ℞ Mars allant à dr. C. 157. Variété : C. 161. Ens. 2 GB. TB.

588 — Gordien debout à dr. C. 254. Apollon assis à g. C. 262. Ens. 2 GB. B. et TB.

589 — IMP. GORDIANVS... Buste lauré à dr. ℞ Gordien debout à dr. C. 267. Apollon assis à g. C. 273. Ens. 2 GB. TB.

590 — ℞ La Sécurité assise à g. C. 333. GB. Buste radié à dr. ℞ Victoire à dr. C. 360. MB. Ens. 2 pièces. Br. TB.

591 — Buste à dr. ℞ Aigle. Tétradr. Arg. pour Antioche. ℞ Aigle. ℞ La Fortune à g. 2 tétradr. potin pour Alexandrie. Ens. 3 pièces à légendes grecques. B. et TB. (*Pl. XI*).

592 — **Tranquilline.** ΤΡΑΝΚΥΛΛΙΝΑ... Buste diadémé à dr. ℞ ΣΑΜΙΩΝ. Figure virile se retournant à g., le pied sur une proue. MB. de Samos. B. (*Pl. XII*).

593 — **Philippe Père.** Buste à dr. ℞ Philippe à cheval. C. 3. Eléphant à g. C. 17. L'Abondance debout. C. 25. Légende : FELICITAS... dans une couronne. C. 39. Quatre enseignes militaires. C. 50. La Joie debout. C. 72. C. 80. La Paix. C. 113. Philippe assis. C. 120. La Félicité. C. 123. Mars. C. 145. Ens. 11 pièces. Arg. TB.

594 — Rome assise. C. 165. La Louve. C. 178. Cerf. C. 182. Biche. C. 187. Antilope. C. 189. Temple. C. 198. La Tranquillité. C. 223. Victoire. C. 227. C. 238. La Valeur assise. C. 240. 2 cavaliers. C. 241. Ens. 11 pièces. Arg. TB.

595 — IMP. M. IVL. PHILIPPVS... Buste lauré à dr. ℞ Philippe à cheval à g. C. 6. La Fidélité debout à g. C. 62. Cippe. MILIARIVM. SAECVLVM. C. 95. Ens. 3 GB. B. et TB.

596 — La Paix debout à g. C. 105. C. 110. Philippe assis à g. C. 120. Ens. 3 GB. TB.

597 — IMP. M. IVL. PHILIPPVS. AVG. Buste lauré à dr. ℞ P.M. TR. P. III. COS. II. P.P. La Félicité debout à g. C. 138. GB. TB. (*Pl. XIII*).

598 — La Louve à g. C. 179. Cerf à dr. C. 183. Ens. 2 GB. B. et TB.

599 — Temple à 8 colonnes. C. 201. VOTIS. DECENNALIBUS. dans une couronne. C. 246. Ens. 2 GB. TB.

600 — Buste lauré à dr. ℞ Aigle à g. Tétradr. arg. pour Antioche. ℞ La Fortune debout à g. Tétradr. potin pour Alexandrie. Ens. 2 pièces à légendes grecques. TB. *(Pl. X)*.

601 — **Otacilie**. Buste diadémé à dr. ℞ La Concorde assise. C. 4. C. 14. C. 17. La Piété. C. 34. C. 43. La Pudeur. C. 53. Hippopotame. C. 63. C. 64. Ens. 8 p. Arg. TB.

602 — MARCIA. OTACIL. SEVERA. AVG. Buste diadémé à dr. ℞ CONCORDIA. AVGG. La Concorde assise à g. C. 10. GB. TB. *(Pl. XIII)*.

603 — La Piété debout à g. C. 40. C. 46. La Pudeur assise à g. C. 55. GB. Ens. 3 GB. B. et TB.

604 — SAECULARES. AVG. Hippopotame à dr. C. 65. GB. Cippe. C. 69. MB. Ens. 2 pièces. Br. TB.

605 — **Philippe Fils**. Buste à dr. ℞ Eléphant à g. C. 4. Philippe père et son fils assis. C. 17. La Paix C. 23. Vase à sacrifice. C. 32. Philippe debout. C. 48. C. 54. C. 57. C. 59. Chèvre. C. 72. Ens. 9 pièces. Arg. TB.

606. — IMP. M. IVL. PHILIPPVS... Buste lauré à dr. ℞ LIBERALITAS. AVG. II. Philippe Père et son fils assis à g. C. 18. GB. TB.

607 — La Paix debout à g. C. 27. Philippe debout à g. C. 49. Ens. 2 GB. TB.

608 — Philippe debout à g. C. 62. GB. et variété MB. Ens. 2 p. Br. TB.

609 — ℞ SAECVLARES. AVGG. Chèvre à g. C. 73. GB. TB. *(Pl. XIII)*.

610 — Buste lauré à g. ℞ Aigle à g. Tétradrachme arg. pour Antioche. Buste tête nue à dr. ℞ La Fortune assise à g. Tétradrachme potin pour Alexandrie à lég. grecques. Ens. 2 pièces. TB. *(Pl. X)*.

611 — **Trajan Dèce**. Buste radié à dr. ℞ Trajan à cheval. C. 4. La Dacie. C. 13. C. 16. Génie de l'Illyrie C. 49. La Pannonie. C. 73. C. 80. Le 2 Pannonies. C. 86. La Paix C. 90. La Fertilité. C. 105. Victoire. C. 113. La Valeur assise. C. 123. Ens. 12 pièces. Arg. TB.

612 — IMP. C. M. Q. TRAIANVS. DECIVS. AVG. Buste lauré à d. ℞ PANNONIAE. Les deux Pannonies debout. C. 85. Or. B. *(Pl. X)*.

613 — IMP. C. M. Q. TRAIANVS. DECIVS. AVG. Buste radié à d. ℞ FELICITAS. SAECVLI. La Félicité debout à g. C. 39. Médaillon. Br. TB. *(Pl. XIII)*.

614 — Buste lauré à dr. ℞ La Dacie debout à g. C. 18. Génie de l'Illyrie à g. C. 47. Ens. 2. GB. TB.

615 — IMP. C. M. Q. TRAIANVS. DECIVS... Buste radié à dr. ℞ La Libéralité debout. à g. C. 71. MB. Buste lauré à dr. ℞ Les 2 Pannonies debout. C. 87. GB. Ens. 2 pièces. Br. B. et TB.

616 — IMP. C. M. Q. TRAIANVS. DECIVS. AVG. Buste radié à dr. ℞ VICTORIA. AVG. Victoire allant à g. C. 114. Médaillon. Br. B.

617 — Buste lauré à dr. ℞ Mars debout à g. C. 102. PB. Victoire à g. C. 117. GB. Ens. 2 pièces. Br. B.

618 Buste lauré à dr. ℞ Aigle Tétradrachme arg. pour Antioche à légendes grecques. TB.

619 — **Etruscille.** Buste diadémé à d. ℞ La Fécondité. C. 8. Junon. C. 14. La Pudeur. C. 17. C. 19. Ens. 4 pièces. Arg. TB.

620 — Buste diadémé à dr. ℞ La Fécondité debout à g. C. 9. GB. C. 10. MB. La Pudeur assise. C. 22. GB. Ens. 3 pièces. Br. B. (*Pl. XIII*.

621 — **Hérennius Etruscus.** Buste radié à dr. ℞ Mains jointes. C. 4. Mercure C. 10 instruments de sacrifice. C. 14. Apollon assis. C. 22. Hérennius debout. C. 26. Victoire. C. 41. Ens. 6 pièces. Arg. TB.

622 — Q. HER. ETR. MES. DEC. Buste à dr. ℞ Mercure debout à g. C. 12. Herennius debout à g. C. 28. Ens. 2 GB. B.

623 — Hérennius à g. tenant une enseigne. C. 31. GB. Buste à dr. ℞ Aigle Tétradrachme arg. d'Antioche à lég. grecque. Ens. 2 pièces. B.

624 — **Hostilien.** Buste radié à dr. ℞ Mars C. 13. C. 15. Hostilien debout et enseigne militaire. C. 31. Ens. 3 pièces. Arg. TB.

625 — La Sécurité debout. C. 57. C. 58. C. 5[illegible]. Ens. 3 pièces. Arg. TB

625 *bis* — C. VALENS. HOSTIL... Buste à dr. ℞ Apollon assis à g. C. 27. GB. Ens. 2 exemplaires variés B.

626 — **Trébonien Galle.** Buste radié à dr. ℞ L'Abondance. C. 17. Apollon. C. 20. La Félicité. C. 35. C. 37. La Liberté. C. 65. C. 67. C. 68. La Piété. C. 88. Ens. 8 pièces. Arg. TB.

627 — TREBONIANVS. GALLVS... Buste lauré à dr. ℞ Temple rond. C. 54. La Paix debout à g. C. 78. Ens. 2. GB. B.

628 — La Piété debout à g. C. 86 GB. Aigle. Femme debout ? potins d'Alexandrie. Ens. 3 pièces. B. et TB.

629 — **Volusien**. Buste radié à dr. ℞ L'Equité. C. 8. La Concorde. C. 25. La Félicité. C. 32. La Paix. C. 70. La Félicité. C. 92. Volusien debout. C. 94. Victoire. C. 131. La Valeur. C. 133. C. 135. Ens. 9 pièces. Arg. TB.

630 — IMP. CAE. C. VIB. VOLVSIANO. AVG. Buste lauré à d. ℞ La Félicité debout à g. C. 35. La Paix debout à g. C. 74. Ens. 2 GB. B. et TB.

631 — Variété : Volusien debout à g. C. 97. GB. Jolie patine verte. B. *(Pl. XIII)*.

632 — **Emilien**. Buste radié à dr. ℞ Apollon. C. 2. Diane debout. C. 10. Hercule debout. C. 13. Jupiter debout. C. 16. Ens. 4 pièces. Arg. B. et TB.

633 — Mars à dr. C. 22. Rome debout. C. 41. L'Espérance debout. C. 48. Ens. 3 pièces. Arg. TB.

634 — CAES. AEMILIANVS. P.F. AVG. Buste lauré à dr. ℞ APOLL. CONSERVAT. Apollon debout à g. C. 3. GB. TB. *(Pl. XIII)*.

635 — Variété. ℞ VIRTVS. AVG. La Valeur debout à g. C. 62. GB. B.

636 — **Valérien Père**. Buste radié à dr. ℞ Apollon. C. 17. C. 25. C. 49. La Félicité. C. 53. La Foi. C. 65. La Fortune. C. 75. Jupiter. C. 77. C. 94. Le Soleil. C. 135. Ens. 9 pièces billon.

637 — Le Soleil. C. 143. La Piété et Gallien. C. 152. C. 153. Valérien debout. C. 183. L'Orient debout et l'Empereur. C. 188. La Santé. C. 197. La Sécurité. C. 204. Victoire. C. 224. C. 230. C. 236. Ens. 10 pièces billon. TB.

638 — IMP. C.P. LIC. VALERIANVS.... Buste lauré à dr. ℞ La Concorde debout à g. C. 40. GB. B. *(Pl. XIII)*.

639 — L'Abondance. Aigle. Victoire. Potin d'Alexandrie. Ens. 3 pièces. B.

640 — **Mariniane**. Buste diadémé et voilé à dr. ℞ CONSECRATIO. Paon de face. C. 2. C. 3. C. 4. Ens. 3 pièces billon. TB.

641 — Variétés : C. 6. Paon à dr. C. 11. Paon enlevant l'Impératrice. C. 14. Ens. 3 pièces billon. TB.

642 — D... AE. MARINIANAE... Buste diadémé à dr. ℞ CONSECRATIO. Paon de face. C. 7. GB. B.

643 — Variété : C. 8. MB. B. *(Pl. XIII)*.

644 — **Gallien**. Buste. ℞ Lion radié. C. 104. Mains jointes. C. 125. La Concorde. C. 136. Esculape. C. 140. Diane. C. 173. Trophée. C. 308. Var. C. 310. Jupiter. C. 351. Var. C. 398. Gallien et Jupiter. C. 379. Jupiter. C. 399. La Joie. C. 436. Ens. 12 pièces billon. TB.

645 — La Libéralité. C. 575. Mars. C. 647. La Paix. C. 754. La Providence. C. 854. Rome assise. C. 921. Victoire. C. 1059. Var. C. 1062. Var. C. 1065. Gallien et la Victoire. C. 1173. La Valeur. C. 1288. Gallien debout. C. 1309. Valérien et Gallien. C. 1310. Ens. 12 pièces billon. TB.

646 — IMP. C. P. LIC. GALLIENVS... Buste lauré à dr. ℞ La Concorde debout à g. C. 132. GB. B.

647 — La Libéralité debout à g. C. 572. GB. La Paix debout à g. C. 761. MB. Ens. 2 pièces. Br. B.

648 — IMP. GALLIENVS... Buste lauré à dr. ℞ Victoire à g. C. 1167. GB. La Valeur debout à g. C. 1293. GB. Lég. : VOTIS... dans une couronne. C. 1343. MB. Ens. 3 pièces. Br. B.

648 *bis* — 15 PB. variés. TB.

649 — Buste lauré à dr. ℞ Victoire à g. La Fortune assise. Aigle. Tête du Soleil. Victoire à dr. Ens. 5 tétradr. potin pour Alexandrie. TB.

650 — **Salonine**. Buste diadémé à dr. Cérès assise. C. 22. Ségétia dans un temple. C. 36. Junon. C. 60. C. 67. La Pudeur. C. 101. Vénus assise. C. 115. Vénus debout. C. 130. Vesta assise. C. 142. Ens. 8 pièces billon. TB.

651 — ...SALONINA... Buste diadémé à dr. ℞ Vesta assise à g. C. 145. GB. B.

652 — Buste à dr. ℞ L'Abondance. La Fortune. Aigle. L'Espérance. Ens. 4 tétradr. potin pour Alexandrie. TB.

652 *bis* — 5 PB. variés. TB.

653 — Salonin. Buste radié à dr. ℞ Salonin sur un aigle. C. 11. Jupiter enfant et chèvre. C. 26. Vase de sacrifice. C. 41. C. 49. Salonin debout. C. 64. 5 pièces billon + 2 PB. et un tétradr. potin d'Alexandrie.

654 — **Valérien jeune**. Buste radié à dr. ℞ Vulcain debout. C. 3. Le Soleil. C. 5. C. 6. La Valeur. C. 14. Ens. 4 pièces billon. TB.

655 — **Macrien**. IMP. C. IVL. MACRIANVS. P.F. AVG. Buste radié à dr. ℞ L'Equité à g. C. 1. PB. B.

656 — Tétradrachme potin pour Alexandrie à l'Abondance debout. B.

657 — **Quiétus**. IMP. C. FVL. QVIETVS... Buste radié à dr. ℞ Apollon debout à g. C. 4. PB. TB. *(Pl. XIII)*.

658 — Buste lauré à dr. ℞ Aigle à g. Potin d'Alexandrie. TB.

658 *bis* — **Postume**. Buste radié à dr. ℞ La Fidélité C. 39. La Foi debout. C. 67. Hercule. C. 91. Var. C. 101. Minerve. C. 195. La Monnaie. C. 199. Neptune. C. 206. Postume debout. C. 243. Victoire. C. ?... (Postume. C. 332. Mars. C. 149. Ens. 11 pièces billon. TB.

659 — IMP. C. M. CASS. LAT. POSTVMVS. P.F. AVG. Buste radié à dr. ℞ FIDES. MILITVM. La Foi debout à g. entre 2 enseignes. C. 74. GB. TB. *(Pl. XIII)*.

660 — La Paix à g. C. 223. MB. Victoire courant à g. C. 379. GB. 2 Victoires et trophée. C. 410. GB. Ens. 3 pièces. Br. B.

661 — 9 PB. variés. TB.

662 — **Lélien**. IMP. C. LAELIANVS. P.F. AVG. Buste radié à dr. ℞ Victoire à dr. C. 4. PB. TB. *(Pl. XIII)*.

663 — **Victorin Père**. 13 PB. variés. TB.

664 — **Marius**. Buste radié à dr. ℞ Mains jointes. C. 4. C. 12. Ens. 2 PB. B. et TB.

665 — Victoire à g. C. 19. C. 22. Ens. 2 PB. TB.

666 — IMP. C. M. AVR. MARIVS... Buste radié à dr. ℞ Victoire à g. C. 21. PB. TB. *(Pl. XIII)*.

667 — **Tétricus Père**. 8 PB. variés. TB.

668 — **Tétricus Fils**. 8 PB. variés. TB.

669 — **Claude II, le Gothique**. 9 PB. variés. TB.

670 — **Quintille**. 6 PB. variés. TB.

671 — **Aurélien**. IMP. AVRELIANVS... Buste lauré à dr. ℞ CONCORDIA. AVG. Sévèrine donnant la main à Aurélien. C. 35. MB. B. *(Pl. XIII)*.

672 — 12 PB. variés. TB.

673 — 4 potins d'Alexandrie. TB.

674 — **Aurélien et Sévèrine**. IMP. AVRELIANVS... Buste radié à dr. ℞ SEVERINA. AVG. Buste diadémé de Sévèrine à dr. C. 1. GB. B.

675 — **Sévèrine**. SEVERINA. AVG. Buste diadémé à dr. ℞ IVNO. REGINA. Junon debout à g. C. 9. MB. TB. (Pl. XIII).

676 — 4 PB variés et 1 potin d'Alexandrie. Ens. 5 p. TB.

677 — **Zénobie**. ZHNOBIA. CEB. Buste diadémé à dr. ℞ Femme debout à g. potin d'Alexandrie. B. (Pl. XIII).

678 — **Aurélien et Valabathe**. VALABATHVS... Buste lauré à dr. ℞ Buste radié d'Aurélien à dr. C. 1. PB. et potins d'Alexandrie aux 2 bustes laurés. Ens. 3 p. B et TB.

679 — **Tacite**. 19 PB. variés TB.

680 — 2 Potins d'Alexandrie variés. TB.

681 — **Florien**. 7 PB. variés. TB.

682 — **Probus**. IMP. C. M. AVR. PROBVS. AVG. Buste cuirassé, lauré à g. ℞ CONSERVAT. AVG. Le Soleil radié debout à g. C. 176. Or. TB. (Pl. X).

682*bis* — 21 PB. Variés. TB.

683 — 7 Variétés. Potin d'Alexandrie. B. et TB.

684 — **Carus**. 7 PB. Variés. TB.

685 — 5 Variétés. potin d'Alexandrie. B. et TB.

686 — **Numérien**. 5 PB. variés. 3 variétés. potin d'Alexandrie. Ens. 8 p. TB.

687 — **Carin**. 8 PB. Variés. 2 variétés. potin d'Alexandrie. Ens. 10 p. TB.

688 — **Magna Urbica**. MAGNIA. VRBICA. AVG... Buste diadémé à d. ℞ VENVS. GENETRIX. Vénus debout à g. C. 11. PB. TB.

689 — Variété VENVS. VICTRIX. C. 17. PB. TB. (Pl. XIII).

690 — **Dioclétien**. DIOCLETIANVS. AVG. Tête à dr. ℞ VICTORIA. SARMAT. 4 Soldats à la porte d'un Camp. C. 489. Arg. TB. (Pl. X).

691. — Tête laurée à dr. ℞ Porte de Camp ouverte C. 492. 4 Soldats à la porte d'un Camp. C. 516. Ens. 2 pièces. Arg. B.

692 — 10 MB. variés. TB.

693 — 12 PB. variés. — 7 potins variés pour Alexandrie. Ens. 19 p. B. et TB.

694 — **Maximien Hercule**. MAXIMIANVS. P. F. AVG. Buste lauré à dr. ℞ HERCVLI. VICTORI. Hercule debout à g. C. 300. Or. TB. (Pl. X).

695 Tête laurée à dr. ℞ 4 Soldats à la porte d'un Camp. C. 548. C. 549. C. 622. Ens. 3 pièces. Arg. B. et TB.

696 — Tête laurée à dr. ℞ Porte de Camp ouverte C. 627. Légende XCVI. AQ. dans une couronne. C. 697. Ens. 2 pièces. Arg. B. et TB.

697 — 11 MB. variés. TB.

698 — 14 PB. variés. TB.

699 — **Carausius.** ℞ La Joie debout à g. C. 116. La Paix debout C. 193. Ens 2. PB. B.

700 — Variétés : La Paix debout à g. C. 215 C. 230. Ens. 2 PB. B.

701 — **Allectus.** IMP. C. ALLECTVS... ℞ Vaisseau. C. 17. var. C. 20. Ens. 2. PB. B.

702 — La Providence debout. C. 44. Vaisseau. C. 81. Ens. 2. PB. B.

703 — **Domitius Domitianus.** IMP. CL. DOMITIVS. DOMITIANVS. AVG... Tête laurée à dr. ℞ GENIO. POPVLI. ROMANI. Génie debout à g. C. 1 MB. TB. *(Pl. XIII)*.

704 — **Constance I**er **Chlore.** Tête laurée à dr. ℞ 4 soldats à la porte d'un camp. C. 312. Arg. B.

705 — 13 MB. et 4 PB. variés. Ens. 17 p. TB.

706 — **Hélène.** Buste à dr. ℞ La Paix debout. 4 PB. et quinaires. Br. TB.

707 — **Théodora.** Buste à dr. ℞ La Piété debout. C. 4. 2 PB. quinaires. TB. *(Pl. XIII)*.

707 bis — **Galère Maximien.** 12 MB. variés. TB.

708 — **Valérie.** GAL. VALERIA. AVG. Buste diadémé à dr. ℞ VENERI. VICTRICI. Vénus debout à g... C. 2. MB. TB. *(Pl. XIII)*.

709 — 2 MB. variés au même type. TB.

710 — Variétés. C. 5. C. 10. 2 MB. TB.

711 — **Sévère II.** 7 MB. variés. TB.

712 — 7 autres MB. variés. TB.

713 — **Maximin II Daza.** 16 MB. variés. TB.

714 — **Maxence.** 7 MB. variés. TB.

715 — **Romulus.** IMP. MAXENTIVS. DIVO. ROMVLO... Buste à dr. ℞ Temple. C. 1. MB. B.

716 — Variété de légende à l'avers. C. 6. MB. et PB. C. 7. Ens. 2 pièces. Br. B. (*Pl. XIV*).

717 — **Licinius Père.** 2 MB. et 10 PB. variés. Ens. 12 p. TB.

718 — **Licinius Fils.** 6 PB. variés. TB.

719 — **Constantin Ier le Grand.** IMP. CONSTANTINVS. P.F. AVG. Buste lauré à dr. ℞ VIRTVS. MILITVM. Porte de camp. C. 708. Arg. quinaire. TB. (*Pl. X*).

720 — 12 MB. variés. TB.

721 — 38 PB. variés. TB.

722 — Rome et la Louve. Constantinople et la Victoire. Le Peuple Romain. Ens. 10 PB. TB.

723 — **Fausta**. 3 PB. variés.

724 — **Crispus.** 23 PB. variés. TB.

725 — **Delmace**. 4 PB. variés. TB.

726 — **Hannibalien.** FL. HANNIBALLIANO... Buste à dr. ℞ CARITAS. PUBLICA. L'Euphrate couché. C. 2. PB. B. (*Pl. XIV*).

727 — **Constantin II.** Buste diadémé à dr. ℞ CONSTANTINVS. AVG. dans une couronne. C. 69. var. Arg. TB. (*Pl. X*).

728 — 23 PB. variés. TB.

729 — **Constant Ier.** CONSTANS. AVGVSTVS. Buste diadémé à dr. ℞ VICTORIAE. D. D. N. N. AVGG. et légende. VOT. X. MVLT. XX. sur un bouclier tenu par 2 Victoires. C. 171. Sou d'Or. TB. (*Pl. X*).

730 — 2 MB. et 13 PB. variés. Ens. 15 pièces. TB.

731 — **Constance II.** FL. IVL. CONSTANTIVS. PERP. AVG. Buste casqué, cuirassé de face. ℞ GLORIA. REPUBLICAE. Rome et Constantinople assises tenant un bouclier à légende : VOT. XXX. MVLT. XXXX. C. 112. Sou d'or. TB. (*Pl. X*).

732 — FL. IVL. CONSTANTIVS. NOB. CAES. Buste lauré, cuirassé à dr. ℞ VICTORIA. NOB. CAESS. Victoire tenant 2 étendards. Manque à Cohen. Sou d'or. TB. (*Pl. XIV*).

733 — Buste diadémé à dr. ℞ Victoire à g. C. 263. VOTIS XXX... C. 342. 3 variétés. Ens. 4 pièces. Arg. TB.

734 — 3 MB. et 18 PB. variés. Ens. 21 pièces. Br. TB.

735 — **Vétranio.** D.N. VETRANIO. P.P. AVG. Buste lauré à dr. ℞ Vétranio debout à g. C. 1. MB. B.

736 — ℞ HOC. SIGNO. VICTOR IS. Vétranio debout couronné par la Victoire. C. 4. MB. B.

737 — **Magnence.** D.N. MAGNENTIVS. P.F. AVG. Buste nu-tête et drapé à dr. ℞ VICTORIA. AVG. La Victoire et la Liberté tenant un trophée. C. 48. Sou d'or. TB. *(Pl. XIV)*.

738 — Buste nu tête drapé à dr. ℞ VICTORIAE DD. NN. AVGG. Victoire assise à dr. écrivant sur un bouclier VOT. V. MVLT. X. C. 73. Arg. Médaillon fendu B. *(Pl. XIV)*.

739 — 7 MB. et 1 PB. variés. Ens. 8 p. TB.

740 — Buste drapé, tête nue à dr. ℞ SALVS. DD. NN. AVG. ET. CAES. Monogramme du Christ. C. 31. GB. TB. *(Pl. XIV)*.

741 — **Décence.** 5 MB + 1 PB. variés. Ens. 6 p. TB.

742 — **Constance Galle.** 4 MB + 2 PB. variés. Ens. 6 p. TB.

743 — **Julien II.** FL. CL. IVLIANVS. P.F. AVG. Buste diadémé et drapé à dr. ℞ VIRTVS. EXERCITVS. ROMANORVM. Julien casqué trainant un captif. C. 79. Sou d'or. TB. *(Pl. XIV)*.

744. — Buste diadémé à dr. ℞ Victoire à g. C. 59. VOTIS. V. MULTIS. X. C. 142. VOTIS. X. C. 143. C. 147. Ens. 4 pièces. Arg. B. et TB.

745 — VOTIS. X. MVLT. XX. C. 148. Var. C. 148. C. 154. C. 159. Ens. 4 pièces. Arg. B. et TB.

746 — ℞ SECVRITAS. REIPVB. Le bœuf Apis à dr. C. 38. C. 39. Ens. 3 GB. B.

747 — 7 PB. variés B. et TB.

748 — **Jovien.** D. N. IOVIANVS. P.F. Buste diadémé à dr. ℞ VOT. V. MVLT. X. en une couronne. C. 33. Arg. TB.

749 — ℞ VICTORIA. ROMANORVM. L'Empereur debout. C. 22. GB. TB. *(Pl. XIV)*.

750 — 3 PB. variés. B. et TB.

751 — **Valentinien I.** D. N. VALENTINIANVS. P. F. AVG. Buste diadémé, drapé à dr. ℞ RESTITVTOR. REPVBLICAE. L'Empereur debout tenant le labarum au monogramme du Christ. C. 24. Sou d'or. TB. *(Pl. XIV)*.

752 — Variété : l'étendard orné de la Croix. C. 25. Sou d'or. TB. *(Pl. XIV)*.

753 — ℞ VICTORIA. AVGG. Valentinien et son fils assis. Au dessus une Victoire. C. 43. Sou d'or. TB. (*Pl. XIV*).

754 — Buste diadémé à dr. ℞ L'Empereur debout à dr. C. 18. VOT. V. en une couronne. C. 69. Ens. 2 pièces. Arg. TB.

755 — Buste diadémé à dr. ℞ VOT. V... C. 70. Rome assise. C. 81. Ens. 2 pièces. Arg. TB.

756 — D. N. VALENTINIANVS... Buste diadémé à d. ℞ L'Empereur debout à dr. C. 30. GB. + 3 PB. Ens. 4 p. B.

757 — **Valens.** D. N. VALENS. PERP. AVG. Buste diadémé drapé à d. ℞ RESTITVTOR. REIPVBLICAE. L'Empereur debout à dr. C. 36. Sou d'or. B. (*Pl. XIV*).

758 — D. N. VALENS. P. F. AVG. Buste diadémé à dr. ℞ VICTORIA. AVGG. Valens et Valentinien assis. Entre eux une Victoire. C. 53. Sou d'or. TB. (*Pl. XIV*).

759 — Buste diadémé à dr. ℞ VOT. V... C. 91. VOT. X. C. 96. Rome assise. C. 109. 3 pièces. Arg. + 3 PB. Ens. 6 p. TB.

760 — **Procope.** D. N. PROCOPIVS. P. F. AVG. Buste diadémé à dr. ℞ VOT. V. en une couronne. C. 14. Arg. B.

761 — ℞ Procope debout de face. C. 10. PB.

762 — **Gratien.** D. N. GRATIANVS. P. F. AVG. Buste diadémé à dr. ℞ VICTORIA. AVGG. Gratien et Valentinien Jeune assis. Derrière une Victoire. C. 38. Sou d'or. TB. (*Pl. XIV*).

763 — Buste diadémé à dr. ℞ Rome assise. C. 56. VOTIS. X... C. 82. Rome assise. C. 86. Var. C. 86. Var. C. 87. Ens. 5 pièces. Arg. TB.

764 — ℞ L'Empereur debout à dr. relevant une Ville. C. 30. MB. + 4 PB. variés. Ens. 5 p. TB.

765 — **Valentinien II.** D. N. VALENTINIANVS. P. F. AVG. Buste cuirassé et diadémé, à dr. ℞ VICTORIA. AVGG. Valentinien et Gratien assis. Derrière Victoire. C. 37. Sou d'or. TB. (*Pl. XIV*).

766 — Buste diadémé à dr. ℞ Victoire. C. 40. Rome assise. C. 60. Var. C. 61. VOT. X... C. 71. Rome assise. C. 76. Var. C. 76. Ens. 6 pièces. Arg. B. et TB. (*Pl. XIV*).

767 — 3 PB. variés. B. et TB.

768 — **Théodose Ier.** D. N. THEODOSIVS. P. F. AVG. Buste diadémé à dr. ℞ VICTORIA. AVGG. Théodose et Valentinien II. assis. Derrière Victoire. C. 37. Sou d'or. TB. (*Pl. XIV*).

769 — ℞ VICTORIA. AVGGG. Théodose debout à dr. C. 39. Sou d'or. TB. (*Pl. XIV*).

770 — Buste diadémé à dr. ℞ Constantinople assise. C. 4. Victoire. C. 40. Rome assise. C. 56. Var. C. 57. VOT. V.... C. 64. Ens. 5 pièces. Arg. B. et TB.

771 — 3 MB. + 9 PB. Ens. 12 pièces. TB.

772 — **Flaccille.** 4 MB. et 1 PB. Ens. 5 pièces variées. B.

773 — **Magnus Maximus.** Buste diadémé à dr. ℞ Constantinople assise. C. 1. Rome assise. C. 20. Ens. 2 pièces. Arg. TB.

774 — Un exemplaire à ce dernier type. Arg. FDC. (*Pl. XIV*).

775 — D.N. MAG. MAXIMVS... Buste diadémé à dr. ℞ Maxime relevant une femme tourelée. C. 3. MB. et 1 PB. ℞ Porte de Ville. C. 7. Ens. 2 pièces. B. et TB.

776 — **Victor.** D. N. FL. VICTOR. P. F. AVG. Buste diadémé à dr. ℞ VIRTVS. ROMANORVM. Rome assise. C. 6. Arg. TB. (*Pl. XIV*).

777 — ℞ Porte de Ville. C. 3. PB. quinaire. B.

778 — **Eugène.** D. N. EUGENIVS. P. F. AVG. Buste barbu et diadémé à dr. ℞ VIRTVS. ROMANORVM. Rome assise à g. C. 14. variété. Arg. TB. (*Pl. XIV*).

779 — **Honorius.** D. N. HONORIVS. P.F. AVG. Buste casqué et cuirassé de face. ℞ CONCORDIA. AVGGS. Rome assise de face. C. 3. Sou d'or. TB. (*Pl. XIV*).

780 — D.N. HONORIVS. P.F. AVG. Buste diadémé, cuirassé à dr. ℞ VICTORIA. AVGGG. Honorius, le pied sur un captif. C. 44. Sou d'or. TB. (*Pl. XIV*).

781 — Buste diadémé à dr. ℞ Rome assise à g. C. 59. 2 variétés. C. 70. 3 pièces. Arg. B. et TB. + 1 PB. B. Ens. 4 pièces.

782 — **Constantin III.** D.N. CONSTANTINVS. P.F. AVG. Buste diadémé, cuirassé à dr. ℞ VICTORIA. A. AVGGG. Constantin debout, le pied sur un captif. C. 5. Sou d'or. TB. (*Pl. XIV*).

783 — Buste diadémé à dr. ℞ Rome assise à g. C. 7. variété. Arg. B. fendu.

784 — **Jovin.** D.N. IOVINVS... Buste diadémé à dr. ℞ Rome assise. C. 2. C. 4. Ens. 2 pièces. Arg. B.

785 **Valentinien III.** D.N. PLA. VALENTINIANVS. P.F. AVG. Buste diadémé, cuirassé à dr. ℞ VICTORIA. AVGGG. Valentinien debout, le pied sur un serpent à tête humaine. C. 19. Sou d'or. TB. (*Pl. XIV*).

786 — ℞ Croix dans une couronne. C. 49. Triens or. TB. *(Pl. XIV)*.

787 — Variété de légende à l'avers : DN. PLA. VALANTANVS (sic). Triens or. TB. *(Pl. XIV)*.

788 — **Avitus**. D.N. AVITUS. P.F. AVG. Buste à dr. ℞ Croix dans une couronne. C. 14. PB. quinaire. B. *(Pl. XIV)*.

789 — **Majorien**. D.N. IVL. MAIORIANVS. P.F. AVG. Buste diadémé à dr. ℞ Croix dans une couronne. C. 19. Triens or. B. *(Pl. XIV)*.

790 — **Sévère III**. D. N. SEVERVS. P.F. AVG. Buste diadémé à dr. ℞ VICTORIA. AVGGG. Victoire à g. C. 5. variété. Triens or. TB. *(Pl. XV)*.

791 — D.N. LIBIVS. SEVERVS. P.F. AVG. Buste diadémé à dr. ℞ VICTORIA. AVGGG. Sévère debout, le pied sur un serpent à tête humaine. C. 8. Sou d'or. TB. *(Pl. XV)*.

792 — **Anthème**. D.N. ANTHEMVS. P.F. AVG. Buste diadémé à dr. ℞ Croix dans une couronne. COMOB. C. 21. Triens or. TB. *(Pl. XV)*.

793 — **Jules Népos**. D.N. IVL. NEPOS. P.F. AVG. Buste casqué, cuirassé de face. ℞ VICTORIA. AVGGG. Victoire debout à g. C. 6. Sou d'or. TB. *(Pl. XV)*.

MONNAIES BYSANTINES

S = Sabatier. — Description générale des Monnaies Bysantines. Paris 1862.

794 — **Arcadius** D. N. ARCADIVS. P. F. AVG. Buste diadémé à dr. ℞ CONCORDIA... Constantinople assise à g. S. 15. Sou d'or. B. (*Pl.* **XV**).

795 — ℞ VICTORIA. AVGGG. Arcadius debout, le pied sur un captif. S. 18. Sou d'or. TB. *Pl.* (**XV**).

796 — D. N. ARCADIVS... Buste à dr. ℞ Rome assise. S. 25. S. 27 ℞ Légende : VOT. X... S. 28. 3 pièces. Arg. B et TB.

797 — 11. PB. variés.

798 — **Théodose II**. D. N. THEODOSIUS... Buste casqué de face ℞ CONCORDIA. AVGGH. Constantinople assise. S. 2. Sou d'or. TB. (*Pl.* **XV**).

799 — ℞ GLOR. ORVIS. TERRAR. L'Empereur debout. S. 3. Sou d'or. TB. (*Pl.* **XV**).

800 — ℞ IMP. XXXXII. COS... XVII. P.P. Rome assise. S. 6. Sou d'or. TB. (*Pl.* XV).

801 — ℞ SALVS. REIPVBLICAE. L'Empereur assis et Valentinien III debout. S. 8. Sou d'or. TB. (*Pl.* **XV**).

802 — ℞ VIRT. EXERC. ROM. L'Empereur trainant un captif. S. 12. Sou d'or. TB. (*Pl.* **XV**).

803 — ℞ VOT. XX... MVLT. XXX. S. Victoire debout à g. tenant une longue croix. S. 13. Sou d'or. TB. (*Pl.* **XV**).

804 — ℞ VOT. XXX. MVLT. XXXX. Rome assise à g. S. 14. Sou d'or. TB. (*Pl.* XV).

805 — **Eudocie**. AEL. EVDOCIA. AVG. Buste diadémé à dr. ℞ Croix dans une couronne. CONOB. S. 3. Tiers de sou d'or. TB. (*Pl.* XV).

806 — **Théodose II**. PB. **Eudocie** PB. **Marcien**. PB. Ens. 3 p. B.

807 — **Marcien**. D. N. MARCIANVS. P. F. AVG. Buste casqué de face. ℞ VICTORIA. AVGGGG. Victoire debout à g. tenant une longue croix. S. 4. Sou d'or. TB. (*Pl.* **XV**).

808 — Un second exemplaire légèrement varié. TB. *Pl. XV*).

809 — D. N. MARCIANVS... Buste diadémé à dr. ℞ Croix dans une couronne. S. 9. Tiers de sou d'or. B. *Pl. XV*).

810 — **Pulchérie.** — AEL. PVLCHERIA. AVG. Buste diadémé à dr. ℞ Croix dans une couronne. S. 9. Tiers de sou d'or. B. (*Pl. XV*).

811 — **Léon I.** D. N. LEO. PERPET. AVG. Buste casqué de face. ℞ VICTORIA. AVGGGS. Victoire debout à g. S. 1. Sou d'or. TB. (*Pl. XV*).

812 — **Zénon.** D. N. ZENO. PERP. AVG. Buste de face casqué. ℞ VICTORIA. AVGGGS. Victoire debout à g. S. 1. Sou d'or. TB. (*Pl. XV*).

813 — D. N. ZENO. PERP. AVG. Buste diadémé à dr. ℞ Victoire à g. S. 5. var. Tiers de sou d'or barbare. TB. *Pl. XV*.

814 — ℞ Croix dans une couronne. S. 7. Tiers de sou d'or. TB. *Pl. XV*.

815 — D. N. ZENO.. PERP. AVG. Buste diadémé à dr. ℞ Aigle à g. S. 13. Silique arg. B.

816 — **Basiliscus.** D. N. BASILISCVS. P.P. AVG. Buste casqué de face. ℞ VICTORIA. AVGGG. Victoire debout à g. S. 1. Sou d'or. TB. (*Pl. XV*).

817 — **Anastase I.** D. N. ANASTASIVS. P.P. AVG. Buste casqué de face. ℞ VICTORIA. AVGGG. H. Victoire debout à g. S. 1. Sou d'or. B. *Pl. XV*).

818 — D.N. ANASTASIVS. PP. AVG. Buste diadémé à dr. ℞ VICTORIA. AVGGG. Victoire assise à dr. S. 4. var. Demi sou d'or troué. TB.

819 — ℞ VICTORIA. AVGVSTORVM. Victoire debout à g. S. 5. Tiers de sou d'or. TB. (*Pl. XV*).

820 — D.N. ANASTASIVS... Buste diadémé à dr. ℞ Etoile dans une couronne. S. 11. Victoire à dr. S. 12. Ens. 2 pièces. Arg. TB.

821 — Buste à dr ℞ Croix sur une grande lettre M. S. 13. var. S. 15. var. 2 Follis. Br. B.

822 — **Justin I.** D.N. IVSTINVS. P.P. AVG. Buste casqué de face. ℞ VICTORIA. AVGGG. Victoire debout de face. S. 1. Sou d'or. B. (*Pl. XV*).

823 — Variété : La Victoire debout à g. *Pl. XV*).

824 — Buste diadémé à dr. ℞ Monogramme du Christ. S. 12. **Justinien I.** Buste à dr. ℞ C N en une couronne. S. 2. Ens. 2 pièces. Arg. B. et TB.

825 — **Justin.** S. 21. **Justin et Justinien.** S. 4. Ens. 2 follis. Br.

826 — **Justinien I.** D. N. IVSTINIANVS. PP. AVG. Buste casqué de face. ℞ VICTORIA. AVGGG. A. Victoire debout à g. S. 1. Sou d'or. barbare. TB. (*Pl. XV*).

827 — D. N. IVSTINIANVS. PP. AVG. Buste casqué de face, tenant le globe ℞ VICTORIA. AVGGG. Victoire de face tenant une grande croix S. 2. Sou d'or. TB. (*Pl. XV*).

828 — Variété : La croix tenue par la Victoire, se termine par le monogramme du Christ. S. 3. Sou d'or. TB. (*Pl. XV*).

829 — Buste diadémé à dr. ℞ VICTORIA. AVGVSTORVM. Victoire. S. 6. var. Tiers de sou d'or. TB. (*Pl. XV*).

830 — Buste diadémé à dr. ℞ VOT. MVLT. HTI. dans une couronne. S. 10. CN. dans dans une couronne. S. 12. Monogramme du Christ. S. 14. S. 16. Ens. 4 Siliques. Arg. B.

831 — 5 follis Br. variés au buste de l'Empereur. B.

832 — 6 follis et divisions. Br. B.

833 — **Ostrogoths en Italie. Théodoric et Anastase.** Tête diadémée de l'Empereur à dr. ℞ Monogr. du Roi Goth. S. 3. **Théodoric et Justin.** S. 6. var. **Athalaric et Justin.** S. 8. **Athalaric et Justinien.** S. 11. (2 variétés). **Théodatus et Justinien.** S. 6. Ens. 6 pièces. Arg. B.

834 — **Witigés et Justinien.** Buste diadémé à dr. de Justinien. ℞ DN. VVIT... IIGES. dans une couronne. S. 1. **Matasunda et Justinien.** S. 1. Ens. 2 p. Arg. B.

835 — **Baduela et Anastase.** Buste diadémé à dr. d'Anastase. ℞ D.N. BADV. IIA. REX. S. 8. Arg. B.

836 — **Theia et Anastase.** Buste à dr. d'Anastase. ℞ D.N. THIL. AREX. S. 5. Arg. B.

837 — **Monnaies anonymes des Goths en Italie.** Follis et division. Ens. 6 p. Br. B.

838 — **Vandales d'Afrique. Thrasamund.** DN. RG. TRASAM... Buste diadémé à dr. ℞ Monogramme dans une couronne. S. 4. Arg. B.

839 — **Gélimar.** DN. REXG... LAMIR. Buste diadémé à dr. ℞ D. N. L. dans une couronne. S. 1. Arg. B.

840 — **Justin II.** D.N. IVSTINVS. P.P. AVG. Buste casqué de face. ℞ VICTORIA. AVGGG. Victoire assise à dr. S. 1. Sou d'or. B. *Pl. XV*.

841 — **Justin II et Sophie.** Follis et divisions aux 2 Augustes assis. Ens. 6 p. Br. B.

842 — **Tibère II Constantin.** D.N. TIB. CONSTANT. P.P. AVG. Buste de face. ℞ VICTORIA. AVGG. Croix sur degrés. S. 1. Sou d'or. B. *(Pl. XV)*.

843 — Follis et division. Ens. 2 pièces. Br. B.

844 — **Maurice Tibère.** D.N. MAVRC. TIB. P.P. AVG. Buste diadémé de face. ℞ VICTORIA. AVGGZ. Victoire debout de face. S. 1 bis. Sou d'or. TB. *(Pl. XV)*.

845 — Buste diadémé à dr. ℞ VICTORIA. AVGVSTORVM. Victoire à g. S. 5. Tiers de sou d'or. TB. *(Pl. XV)*.

846 — 2 Follis Br. au buste de face. B.

847 — **Focas.** D.N. FOCAS. PERP. AVG. Buste barbu et diadémé de face. ℞ VICTORIA. AVGGG. Victoire debout de face. S. 1. Sou d'or. TB. *(Pl. XVI)*.

848 — Un second exemplaire légèrement varié. TB. *(Pl. XVI)*.

849 — Follis et division au buste de face. 4 pièces. **Focas et Léontia.** 2 Br. aux 2 Augustes debout. Ens. 6 pièces. Br. B.

850 — **Héraclius I Empereur.** D.N. HERACLIVS. P.P. AVG. Buste casqué de face. ℞ VICTORIA. AVG... Croix sur des degrés. S. 2. Sou d'or. TB. *(Pl. XVI)*.

851 — Buste diadémé à dr. ℞ VICTORIA. AVGVE... Croix potencée. S. 6. Tiers de sou d'or. ℞ Croix potencée. S. 15. Silique arg. Ens. 2 pièces. TB. *(Pl. XVI)*.

852 — **Héraclius et Héraclius-Constantin.** Bustes diadémés de face des deux Augustes. ℞ VICTORIA. AVGVS... Croix sur des degrés. S. 48 bis. Sou d'or. TB. *(Pl. XVI)*.

853 — Variété globuleuse. S. 51. Sou d'or. TB. *(Pl. XVI)*.

854 — Les deux Augustes assis de face. ℞ Croix sur un globe et 3 degrés. S. 59. Miliarésion. Arg. B. troué.

855 — **Héraclius, Héraclius-Constantin et Héracléonas.** Les trois Augustes debout. ℞ VICTORIA. AVGV.A. Croix sur des degrés. S. 106. Sou d'or. TB. *(Pl. XVI)*.

856 — **Héraclius I. Héraclius et Héraclius-Constantin. Héracléonas etc.** Ens. 11 pièces. Br. Quelques-unes B.

857 **Constant II.** D. N. CONSTANTINUS. PP. AV. Buste diadémé. barbu, de face. ℞ VICTORIA... Croix pattée sur 3 degrés. S. 2. Sou d'or. TB. *(Pl. XVI)*.

858 — Buste diadémé de face. ℞ Croix pattée. S. 8. var. ℞ PAX. S. 10. Ens. 2 pièces. Arg. B.

859 — **Constant II. Constantin Pogonat. Héraclius et Tibère.** Bustes des deux Augustes de face. ℞ VICTORIA. AVGVS. Croix potencée sur degrés. Héraclius et Tibère debout. S. 16 var. Sou d'or. TB. *(Pl. XVI)*.

860 — **Constant II et Constantin Pogonat** et leurs successeurs. 6 Br. variés.

861 — **Constantin IV. Héraclius et Tibère.** Buste diadémé de face de Constantin IV. ℞ Croix entre les deux Augustes à mi corps de face. S. 2. Sou d'or globuleux B. *(Pl. XVI)*.

862 — **Constantin IV. Pogonat.** P. CONST... P.P. A. Buste casqué de face. ℞ VICTORIA. AVGVS. Croix potencée sur des degrés. S. 20 var. Sou d'or B. *(Pl. XVI)*.

863 — DN. CONSTANTIN... Buste diadémé à dr. ℞ VICTORIA. AVGVS. Croix potencée. sur un globe. S. 22. Demi sou d'or. TB. *(Pl. XVI)*.

864 — **Léon III.** D. LEON. P. F. AV.. Buste diadémé de face. ℞ VICTORIA. AVGVS. Croix potencée sur des degrés. S. 1. Sou d'or. TB. *(Pl. XVI)*.

865 — **Léon III et Constantin V.** D. N. LEON. P. A. MVL. Buste diadémé de face de Léon III. ℞ D. N. CONSTANTINVS. Buste diadémé de face. S. 14. Sou d'or. TB. *(Pl. XVI)*.

866 — Variété en or pâle, fabrique italienne. S. 18. B. *(Pl. XVI)*.

867 — **Constantin V.** — Buste de face. ℞ VICTORIA. Croix potencée. S. 30 var. Electrum. B.

868 — **Tibère V Absimare. — Léon III. — Léon III. Constantin V et Léon IV. — Constantin V et Léon IV. — Constantin VI et Irène.** Ens. 5 pièces. Br.

869 — **Léon IV. Chazare.** et sa famille. Bustes de face de Léon III et de Constantin V. ℞ Léon IV et Constantin VI. assis de face. S. 2. Sou d'or. TB. *(Pl. XVI)*.

870 — **Michel II et Théophile.** MIXAHL... S. ΘEOFILE... en légende de cinq lignes. ℞ Croix potencée sur degrés. S. 6. Arg. TB.

871 — **Théophile ΘΕΟFILOC.** Buste de face. ℞ Buste de face. S. 6. Demi sou d'or épais. TB. *Pl. XVI*.

872 — **Théophile. Michel et Constantin VIII.** Buste de face, diadémé de Théophile. ℞ Bustes de face, diadémés de Michel et de Constantin. S. 13. Sou d'or. TB. *(Pl. XVI)*.

873 — **Léon V et Constantin VII – Michel II et Théophile. — Théophile.** Ens. 5 pièces. Br. B.

874 — **Basile Ier, Léon VI et Alexandre.** Buste de face diadémé de Basile Ier. ℞ Bustes de face de Léon et Alexandre. S. 15. Demi sou d'or troué B.

875 — **Basile I. Constantin IX. Basile I. Constantin IX et Léon VI. Léon VI.** Ens. 4 pièces. Br. B. et TB.

876 — **Léon VI et Alexandre. Constantin X et Zoé. Romain II. Nicephore II Focas.** Ens. 4 pièces. Br. B.

877 — Bustes diadémés de face des 2 Augustes tenant une longue croix. ℞ Buste de face et nimbé du Christ. S. 14. Sou d'or. B. *(Pl. XVI)*.

878 — **Jean Ier Zimiscès.** Buste diadémé de face de Zimiscès couronné par la Vierge à mi-corps. ℞ Buste nimbé de face du Christ. S. 1. Sou d'or. TB. *Pl. XVI*.

879 — Lég. en 5 lignes. ℞ Croix ornée avec médaillon central : buste de Jean Zimiscès. S. 3. Arg. TB.

880 — **Basile II et Constantin XI.** Bustes diadémés de face des 2 Augustes tenant la Croix. ℞ Buste nimbé, de face, du Christ. S. 5. Sou d'or. B. *(Pl. XVI)*.

881 — **Constantin XI Porphyrogénète.** Buste barbu, diadémé de face de l'Empereur. ℞ Buste nimbé de face du Christ. S. 3. Sou d'or. B. *Pl. XVI*.

882 — **Romain III Argyre.** L'Empereur debout couronné par la Vierge debout. ℞ Le Christ assis. S. 1. Sou d'or. TB. *(Pl. XVI)*.

883 — **Constantin XII. Monomaque.** Buste de face tenant une longue croix et le globe. ℞ Le Christ nimbé de face à mi-corps. S. 2. Sou d'or concave. TB.

884 — Variété flan épais : l'Empereur tient un labarum et le globe. S. 7. var. Sou d'or. TB. *(Pl. XVI)*.

885 — **Isaac I Comnène.** L'Empereur debout, de face, tenant son épée nue. ℞ Le Christ assis. S. 1. Sou d'or. B.

886 — **Constantin XIII. Ducas**. L'Empereur de face, debout. ℞ Le Christ nimbé, assis. S. 2. Sou d'or concave. TB.

887 — Un exemplaire varié. S. 3. var. Sou d'or concave troué. TB.

888 — **Romain IV, Eudocie et ses trois fils**. Le Christ couronnant Romain IV et Eudocie, tous trois debout. ℞ Les trois fils d'Eudocie debout. S. 4. Sou d'or. B.
(Pl. XVI).

889 — **Michel VII. Ducas**. Buste barbu de face. ℞ Le Christ nimbé, assis de face. S. 1. Sou d'or. TB.
(Pl. XVI).

890 — ℞ Le Christ nimbé à mi-corps, de face. S. 2. Sou d'or concave troué. TB.

891 — **Nicéphore Botoniate**. Buste barbu de face tenant une longue croix. ℞ Buste nimbé du Christ de face. S. 3. Sou d'or concave. TB.

892 — **Alexis I Comnène**. Alexis et Saint Constantin debout. ℞ Le Christ nimbé debout de face. S. 5. Sou d'or concave troué.

893 — **Jean I Zimiscès. Constantin XII. Constantin XIII et Eudocie. Alexis I Comnène**. Ens. 6 pièces. Br. Quelques-unes B.

894 — **Jean II Comnène**. La Vierge debout couronnant l'Empereur debout. ℞ Le Christ nimbé, assis de face, tenant le Livre des Evangiles des deux mains. S. 1. Sou d'or troué. B.

895 — Variété. ℞ Le Christ assis bénit de la main droite levée. S. 2. Sou d'or concave. TB.
(Pl. XVI).

896 — **Jean II et Alexis**. Les deux Augustes debout de face tenant le labarum. ℞ Buste nimbé du Christ de face. S. 25. var. arg. concave. B.

897 — **Manuel I Comnène**. L'Empereur de face et debout. ℞ Buste nimbé, de face, du Christ. S. 3. Sou d'or concave. TB.

898 — La Vierge debout couronnant Manuel debout. ℞ Le Christ, buste nimbé de face. S. 6. Sou d'or très pâle. TB.

899 — Avers précédent varié. ℞ Le Christ assis. Type de S. 12. Sou d'or. TB.
(Pl. XVI).

900 — **Jean II Comnène. Manuel I Comnène**. Ens. 7 pièces. Br. et billon.

901 — **Andronic I Comnène**. L'Empereur debout couronné par le Christ debout. ℞ La Vierge nimbée debout, de face. S. 2. var. Sou d'or concave. TB.

902 — **Isaac II L'Ange.** L'Archange Saint-Michel couronnant Isaac, tous deux debout. ℞ La Vierge nimbée assise. S. 2. Sou d'or très pâle, concave, fendu. TB.

903 — **Andronic II et Michel IX.** Le Christ debout, plaçant ses deux mains sur Andronic et Michel. ℞ La Vierge nimbée, les mains élevées, entourée des murailles crénelées d'une ville. S. 13. Sou d'or concave, troué. B.

904 — **Andronic II et Andronic III.** Les deux Augustes debout de face. ℞ Le Christ nimbé, assis. S. 35, var. Arg. B.

905 — **Isaac II l'Ange. Andronic III. Jean l'Ange Comnène.** Ens. 6 pièces Br. et billon. B.

906 — **Empire de Nicée. Théodore III. Ducas Vatatsès.** La Vierge couronnant l'Empereur. ℞ Le Christ nimbé, assis. S. 3. Sou d'or concave. TB.

907 — **Empire de Trébizonde. Jean I Comnène.** L'Empereur debout de face. ℞ Saint-Eugène nimbé de face. S. 1. **Manuel I Comnène.** Mêmes types. S. 6. **Jean II Comnène.** Mêmes types. S. 1, var. Ens. 3 aspres. Arg. TB.

908 — **Alexis II Comnène.** L'Empereur à cheval à dr. ℞ Saint-Georges à cheval. S. 9. Aspre. Arg. **Basile Comnène.** B et étoile. ℞ B et étoile. S. 7. **Jean III Comnène.** L'Empereur debout. ℞ Saint-Eugène debout. S. 2, var. Aspre. Arg. Ens. 3 pièces. B. et TB.

Le Catalogue des **MONNAIES GAVLOISES et FRANÇAISES**, 3e vente de la **Collection LUNEAU**, est actuellement en préparation. Il sera luxueusement édité, avec de nombreuses planches de reproductions, au prix de 10 francs l'exemplaire. Prière de bien vouloir se faire inscrire chez l'expert : M. Cl. PLATT, 19, Rue des Petits-Champs, à Paris.

1
4
1
2
2
5
4
4
3
3
7
17
25
48
55
26
35
46 OR
56
67 OR

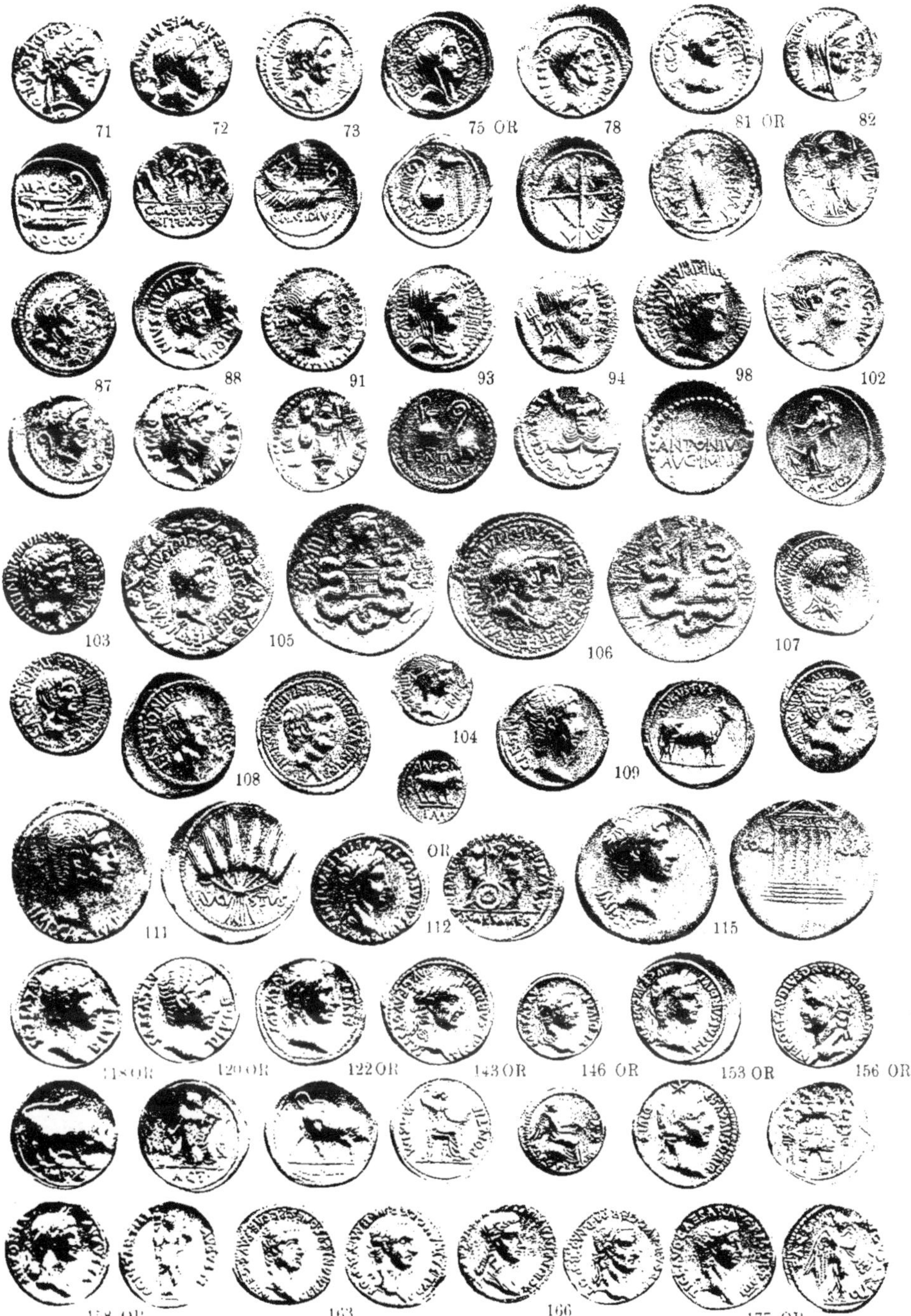

Ch. PLATT, expert, 19, Rue des Petits-Champs, Paris

Le Deley, impr., Paris

Ch. PLATT, expert, 19, Rue des Petits Champs, Paris

Le Deley, imp., Paris

Ch. PLATT, expert, 19, Rue des Petits-Champs, Paris

Le Deley, imp., Paris

Ch. PLATT, expert, 19, Rue des Petits Champs, Paris

Le Deley, imp., Paris

182 195 196 197 199 202 203 204 216 219 220 229

Ch. PLATT, expert, 19, Rue des Petits Champs, Paris

Le Deley, imp., Paris

Ch. PLATT, expert, 19, Rue des Petits Champs, Paris

Le Deley, imp., Paris

Ch. PLATT, expert, 19, Rue des Petits Champs, Paris

Le Deley, imp., Paris

Le Deley, impr., Paris

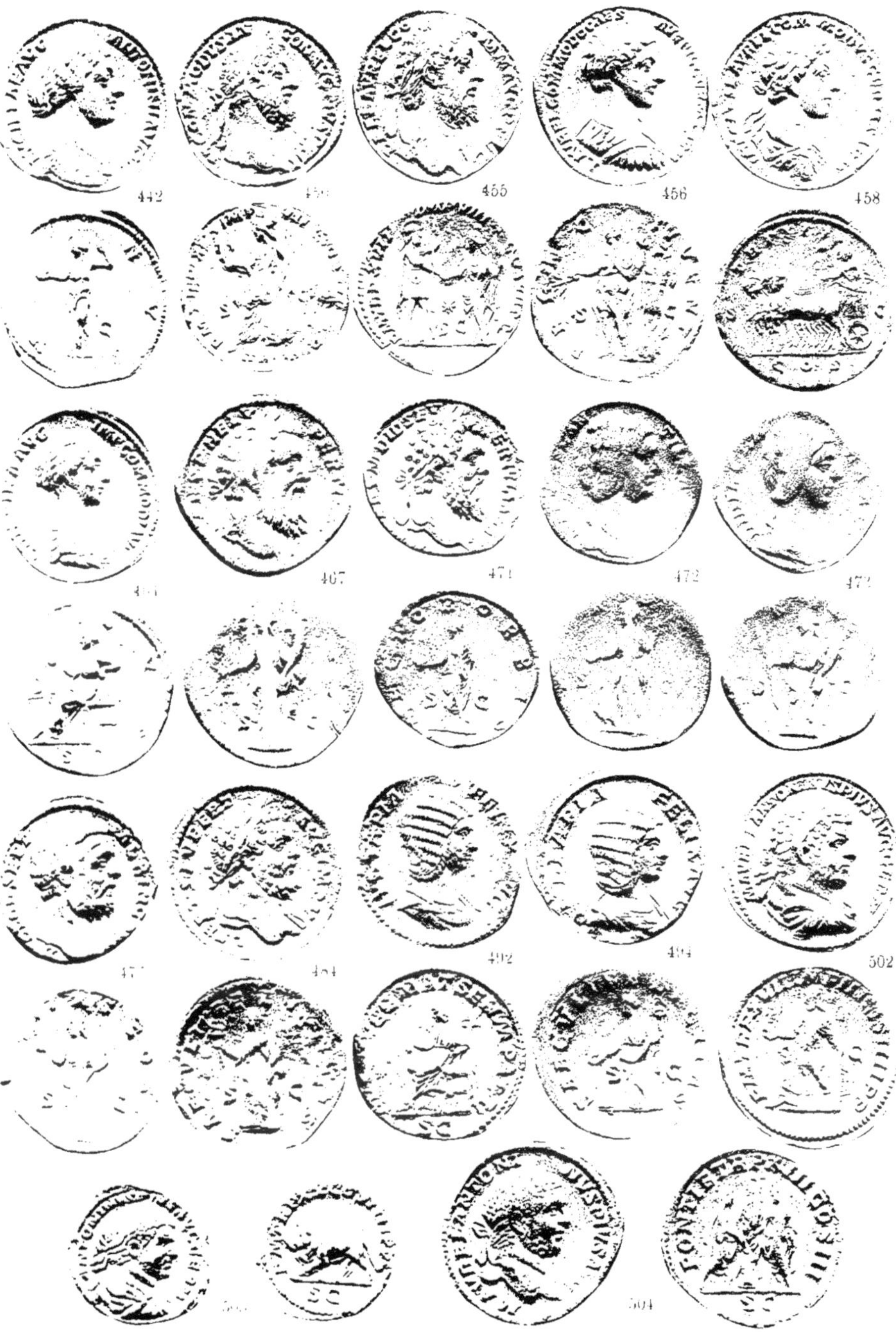

[illegible], Paris

Le Deley, Imp., Paris

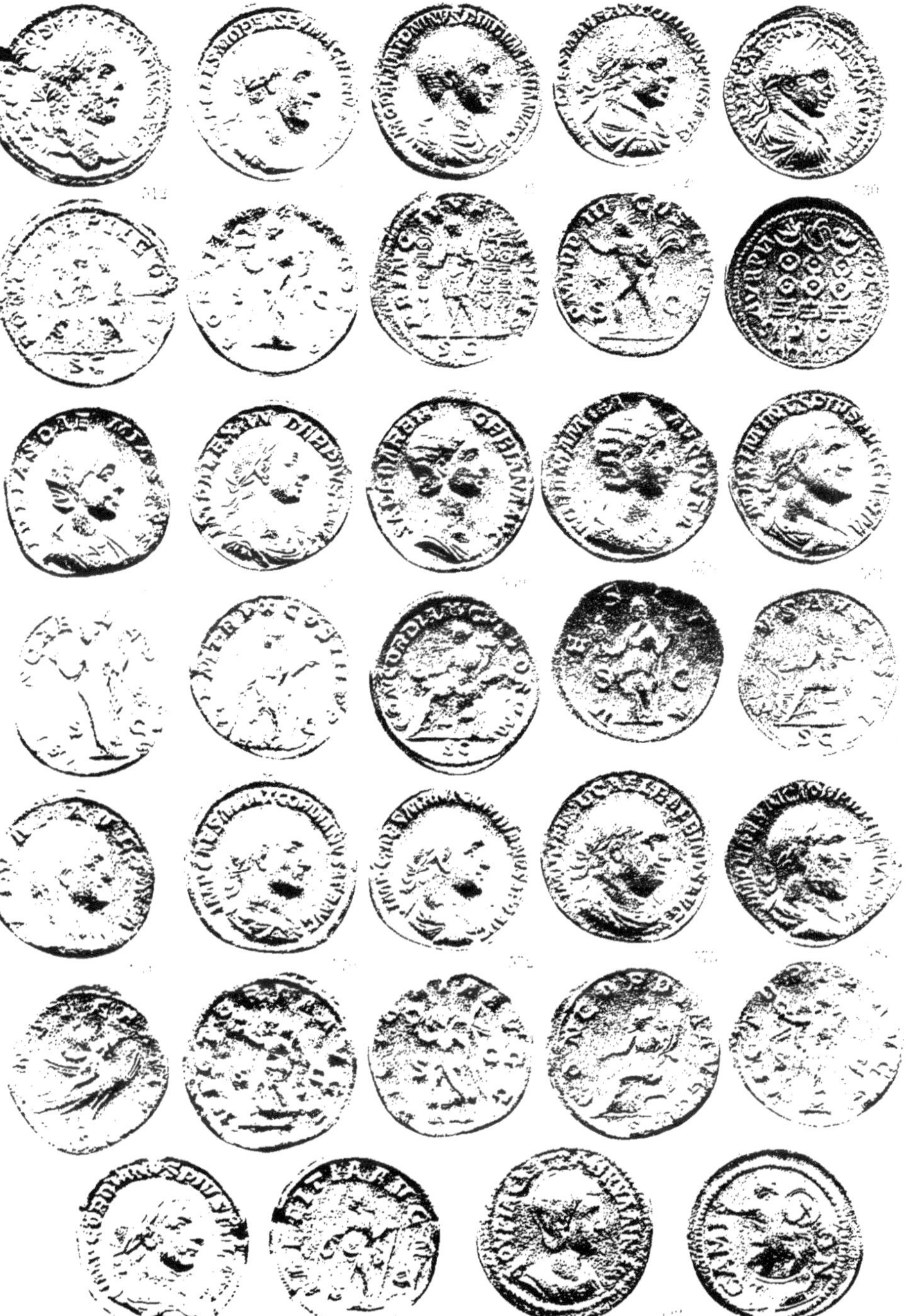

597
602
609
618
62?
631
634
638
643
657
662
663
671
675
677
689
703
707
708

PL. XIV

716
726
740
749
764
788
732 OR
737 OR
738
743 OR
751 OR
752 OR
753 OR
757 OR
758 OR
762 OR
765 OR
766
768 OR
769 OR
774
776
778
779 OR
782 OR
785 OR
786 OR
787 OR
789 OR

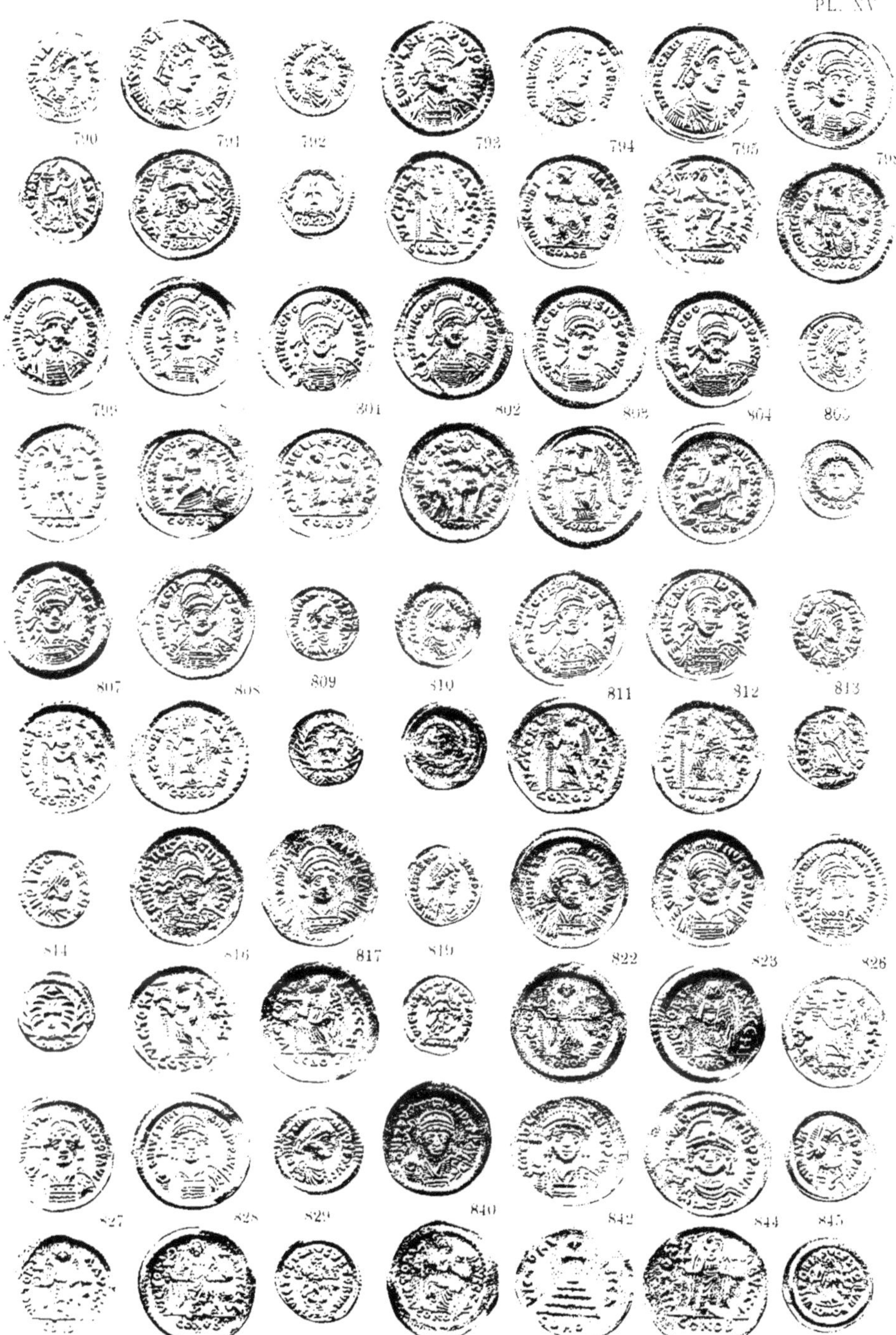

PL. XVI

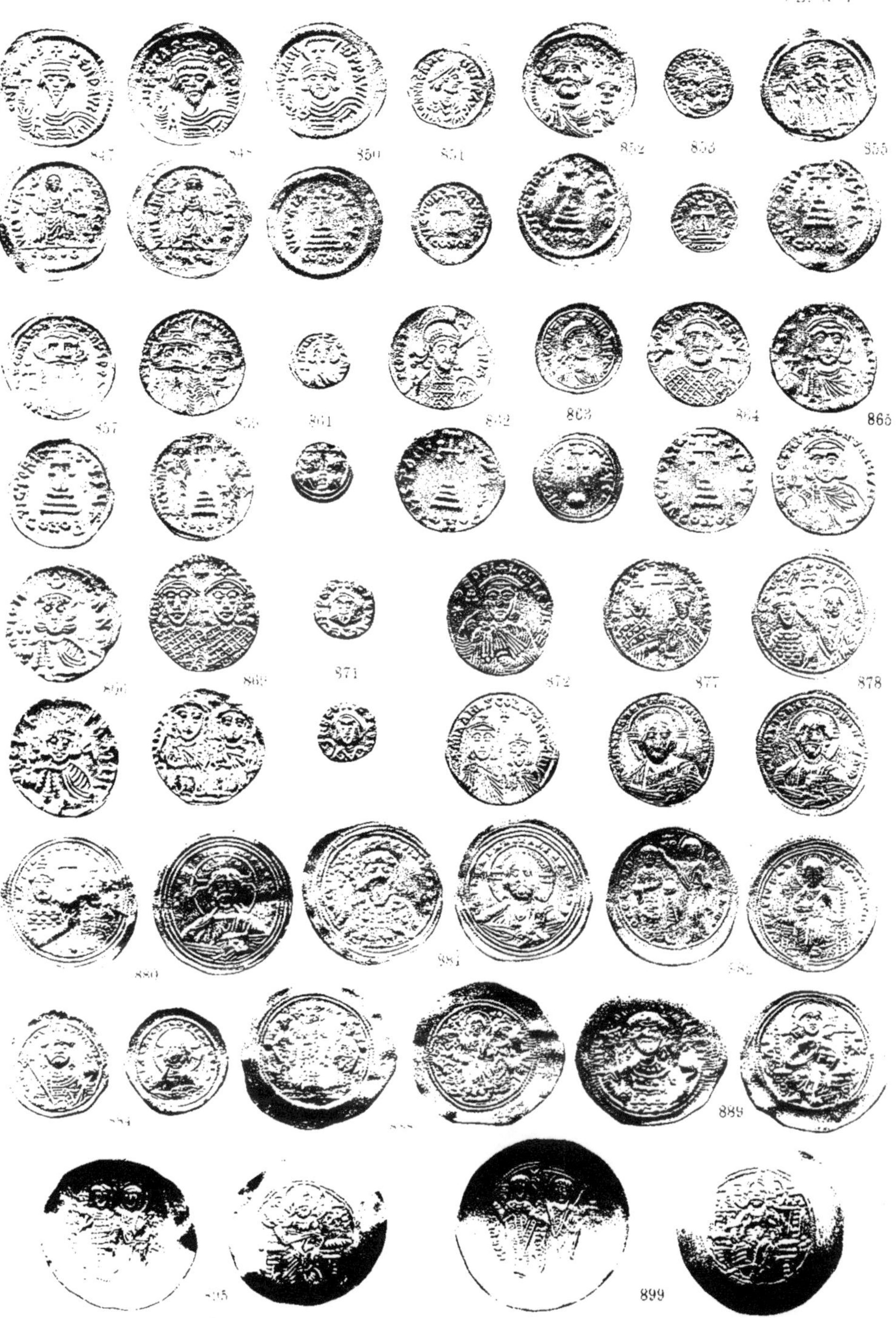

Le [illegible] Paris

Toutes [illegible] sur cette p[illegible] en Or.

www.ingramcontent.com/pod-product-compliance
Ingram Content Group UK Ltd.
Pitfield, Milton Keynes, MK11 3LW, UK
UKHW020338180726
13839UKWH00002B/782

9 782329 588506